I hope you'll enjoy it

Carola

Niedersachsen und Bremen

Lower Saxony and Bremen

La Basse-Saxe et Brême

DIE DEUTSCHEN LANDE *farbig*

Niedersachsen und Bremen

Lower Saxony and Bremen

La Basse-Saxe et Brême

EINLEITUNG: HANS FRETER

UMSCHAU VERLAG · FRANKFURT AM MAIN

Bilderläuterungen: Gerhard Roth

Übersetzungen: Englisch – Stephan Dornberg
Französisch – Gerhard Steinborn

Datenerfassung: dateam Vertriebsgesellschaft mbH + Co KG · Frankfurt am Main

Gesamtherstellung: Brönners Druckerei Breidenstein KG, Frankfurt am Main

ISBN 3-524-63005-7 · PRINTED IN GERMANY

Wer in Niedersachsen Wurzeln schlagen will und mag keinen Klaren beziehungsweise Köm beziehungsweise Rum, vielleicht mit etwas Tee getarnt, der wird lange ein Fremdling bleiben. Bis er sich an den Klaren beziehungsweise Köm beziehungsweise Rum gewöhnt hat. Und wem das Herz nicht aufgeht beim Anblick von dampfenden Schlachtewürsten, von Birken im Heidewind, von Nordseewellen, die schwermütig an den Strand trekken, von den, keinen falschen Schlankheitsidealen anhängenden Damen in Grün beim Schützenausmarsch, der muß noch vieles lernen, bevor er ein rechter Niedersachse geworden ist.

Das Herz Niedersachsens schlug lange Jahre manches Wochenende in der Elbmündung, auf dem Leuchtturm der kleinen Insel Neuwerk. Der Turm stammt aus dem Anfang des 14. Jahrhunderts, er hat viel erlebt: versoffene Seeräuber

Lower Saxony is a kaleidoscopic land of old traditions, of pirates and politicians, of chieftains and emperors as well as a land of steaming sausages, birch trees blowing in the wind and North Sea waves crashing on a lonely beach. It is also a land of fiery schnaps: the popular "Klarer", the "Köm" and rum. Drink them straight or, if you wish to appear outlandish, laced with a little tea. All this is inseparable from Lower Saxony and to understand its people you must learn to try and appreciate these things. For a long time the heart of Lower Saxony beat in a little lighthouse on the small island of Neuwerk, at the mouth of the Elbe River. From the beginning of the 14th century, when it was erected, to the present day, drunken pirates and pious prince-bishops (or vice versa), war and peace have been a part of its history.

Chanter les louanges de la Basse-Saxe est une chose qui tient au cœur de ses habitants vivant dans une harmonie avec la nature. Ils aiment les bouleaux et les genêts des landes et les vagues de la mer du Nord. Et les louanges se donnent des ailes en regardant un petit verre et des saucisses, des boudins ou des andouilles à l'occasion du tir. Il vous faut aimer les mêmes choses afin que vous soyez acceptés.

Dès l'âge néolithique la Basse-Saxe est un pays rural. Parmi les premiers paysans étaient les gens de la culture de Rössen (vers 3500 av. J. C.). Une charrue de bois de cette époque trouvée dans la Frise orientale est un clou du musée de l'Etat à Hanovre. Dans le pays d'Oldenbourg et dans les Landes de Lunebourg des paysans préhistoriques ont laissé des monuments faits de gros blocs de pierre brute (ou megalithiques) : des tombeaux (dolmens ; par exemple les « sept maisons de pierre » à Fallingbostel, 2000 av.

und fromme Fürstbischöfe (oder umgekehrt) – aber erst nach 1945 hatte er seine niedersächsischen Sternstunden.

Damals war Hinrich Wilhelm Kopf, von Freund und politischem Gegner liebevoll der „rote Welfe" genannt, der erste Ministerpräsident Niedersachsens. Das Land zwischen Weser und Elbe, Harz und Meer hatte in den schweren Nachkriegsjahren über zwei Millionen Flüchtlinge aufnehmen müssen. Es war Grenzland geworden, Stacheldraht und Minenfelder hatten zerrissen, was in Jahrhunderten zusammengewachsen war.

Die Niedersachsen, die nichts mehr umwirft, seitdem die herbe Christianisierung durch Karl den Großen über sie hinweggegangen ist, resignierten nicht. Sie brannten schwarz

But it wasn't until 1945 that it played a major role in the history of Lower Saxony, the state.

At that time Heinrich Wilhelm Kopf was the state's prime minister. In those depressing postwar years Lower Saxony, though ripped apart by mines and bomb craters, ravaged fields and barbed wire accommodated over two million refugees and became a border area.

But its people, stout and unyielding since the days when Charlemagne subjected them to Christendom, did not resign. They continued to distill their schnaps by moonlight and rebuilt their state by day. Once again the winds rushed through numerous forests

J. C.) et des pierres fichées en terre. Les habitants préhistoriques de la Basse-Saxe, qui pratiquaient l'élevage et l'agriculture avaient aussi des talents techniques. On a trouvé des chemins garnis de planches dans le « Grande Marais » (Marais de Bourtange) du pays d'Oldenbourg (de 3000 av. J. C. jusqu'à l'âge des Romains), qui étaient des voies de circulation reliant la mer du Nord à l'Allemagne moyenne. Ces talents étaient très importants pendant l'âge du fer : aux environs de 300 av. J. C. on produisit du fer dans des fourneaux, le métal fut transporté sur les chemins garnis de planches à la mer du Nord. Au temps de César Auguste on connaît les tribus qui vivaient dans la Basse-Saxe : les Chérusques, les Chauques, les Lombards et les Frisons. Les Saxes domiciliés dans le pays de Holstein franchirent l'Elbe à peu près cinq cent ans plus tard. Ils dominaient les autres tribus du pays auquel ils donnaient leur nom. Les cantons de la

ihren Korn und schufen ein neues Niedersachsen, in dem die alten Wälder weiter rauschen, die Weizenfelder blüh'n wie eh und je – und die fetten Kühe nahe der Küste mindestens ebenso nahrhafte Milch geben wie ihre bayerischen Artgenossen. Außerdem aber bauten sie eine leistungsstarke Industrie auf, errichteten Wirtschafts- und Dienstleistungszentren und gründeten die inzwischen größte Industriemesse der Welt in ihrer Landeshauptstadt Hannover.

Damals lachten die besseren Kreise der Wirtschaft an Rhein und Ruhr über die Messe auf dem Acker, zu deren Eröffnung im traurigen Nachkriegsjahr 1947 markenfreie Heringsbrötchen und Kartoffelschnaps gereicht wurden. Das Lachen ist ihnen dann jäh vergangen, nicht nur des Kartoffelschnapses wegen.

Hinrich Wilhelm Kopf war vorneweg beim Aufbau

and the wheat harvests were as rich as ever. Cows grazed on the North Sea coasts and produced milk that was at least as good as that of their cousins in Bavaria. Their economy grew and prospered as they rebuilt industrial centers and factories and started what today has become the world's largest industrial trade show in their state capital, the Hanover Industrial Fair.

In 1947 the more prosperous people of the Rhine and Ruhr areas scoffed at the idea of a trade show in what amounted to little more than a field, where ration-free herring sandwiches and a liquor distilled from potatoes were the fare. But they soon stopped laughing, not only because of the potent liquor.

Heinrich Wilhelm Kopf was a prominent figure in

Saxe étaient confédérés, le lieu de leur assemblée était Marklo (aux environs de Nienburg).

Après la dernière guerre mondiale un ancien phare (première moitié du 14e siècle) sur la petite île Neuwerk dans l'embouchure de l'Elbe était le centre politique inofficiel de la Basse-Saxe. Hinrich Wilhelm Kopf (surnommé le Guelfe rouge), le premier président du conseil des ministres y avait sa « résidence de la fin de semaine ». Il y eût des réunions et des entretiens avec des philosophes, des politiciens, des hommes de l'Eglise et des politiques étrangers, parfois des ambassadeurs. On dit, que Hinrich Kopf y a appris la chanson de la Basse-Saxe aux politiques africains et asiatiques : « Nous sommes les gens de la Basse-Saxe, capables de résister à la tempête, enracinés dans notre terre. Salut, tribu du duc Widukind ».

Après la dernière guerre mondiale l'Etat de la Basse-Saxe a été créé en 1945 des anciens Etats Hanovre,

Niedersachsens, und manches Wochenende über ist er dann zum Leuchtturm nach Neuwerk gefahren. Dort hat er, in 35 Meter Höhe, Philosophen und Politiker und ausländische Staatsmänner und bodenständige Kirchenführer um sich versammelt. Die Herren haben bei redlichen Männergesprächen die Becher kreisen lassen, und ab und zu sind sie, der rote Welfe voran, nach draußen auf die Plattform gegangen. Unter ihnen lag Niedersachsen, um sie herum waren die Winde der Nordsee – und gemeinsam hat sich der erlesene Kreis, manchmal waren auch Botschafter fremder Nationen darunter, dann erleichtert.

Es geht die Kunde, daß Hinrich Wilhelm Kopf sogar afrikanischen und asiatischen Politikern das Niedersachsenlied beige-

those postwar years of reconstruction. Often on weekends he would drive out to the lighthouse on the little island of Neuwerk and gather statesmen and politicians and occasionally a foreign diplomat about him in the lighthouse tower room, thirty-five meters above ground. The alcohol flowed freely during the ensuing discussions and occasionally the men would go out on the balcony and breathe the clear, cool air of the North Sea, with Lower Saxony at their feet. It is even believed that he once invited African and Asian politicians to one of these meetings and taught

Brunswick, Oldenbourg et Schaumbourg-Lippe. L'Etat de Brême, ancienne ville libre hanséatique, appartenant à la zone américaine ne faisait pas partie du nouvel Etat, qui était tombé dans l'indigence et qui avait accueilli plus de deux millions de refugiés. Il fallait se rappeler les talents traditionels : l'agriculture et l'élevage, les métiers et l'industrie. Bientôt on y trouvait partout des champs fertiles de blé et le gras pâturage où les vaches étaient à leur aise. Les villes très endommagées furent restaurées. En 1948 – au moment de la reforme monétaire le gouvernement anglais permit le commencement de la foire de Hanovre, ce qui était de départ de l'essor industriel ; 700 000 visiteurs de tout le monde (auxquels les exposants ne pouvaient donner que des beurrées garnies de hareng) achetaient des marchandises industrielles (prix total 31 millions de dollar), ce qui était étonnant.

Mais les habitants de la Basse-Saxe ont souvent

bracht habe, dessen kerniger, meist von schmetternden Blaskapellen umtoster Refrain lautet: „Wir sind die Niedersachsen, sturmfest und erdverwachsen. Heil Herzog Widukinds Stamm."

Alle Niedersachsen, selbst die Zugereisten (die aber erst nach längeren Eingewöhnungszeiten) haben etwas von Widukind. Der Stammesfürst, der Karl den Großen in der zweiten Hälfte des 8. Jahrhunderts in einen 33jährigen Krieg verwickelte, war ein Querkopf, stur wie ein Eber, doch den schönen Dingen des Lebens gegenüber heftig aufgeschlossen.

Als sich Widukind schließlich der Übermacht der Franken beugen mußte, konnte er der Taufe, die ihn zum Christen machte, nicht entgehen. Die Christianisierung Niedersachsens war damit jedoch keineswegs unter Dach und Fach. Kenner behaupten, daß es diesbezüglich heute noch in manchen Teilen des Landes, nicht zuletzt im Ostfriesischen, hapert.

them the words of Lower Saxony's anthem: "We are the Lower Saxons who fear no storms and are firmly rooted to the earth. Hail Duke Widukind's tribe." A drop of Widukind's blood surely flows in the veins of every Lower Saxon. The tribal chieftain who, in the second half of the 8th century, involved Charlemagne in a war that lasted 33 years, was as stubborn as a wild boar and knew how to appreciate the pleasures of life. When he finally bowed to the superior might of the Franks, he was duly baptized. Apparently not all of his people followed his example and certain problems of this nature have been encountered in parts of the state, notably East Friesland, even today.

achevé des faits prodigieux. Pensez à la conquête de l'Angleterre par les Anglo-Saxons. Les Romains ayant laissé les dernières garnisons de la Bretagne en 407, les Angles (venus de Sleswig) et les Saxons (de l'embouchure de l'Elbe) en traversant la mer du Nord au moyen de petits bateaux à peine capables de tenir la mer, s'y installèrent au milieu du cinquième siècle ; ils fondèrent sept petits royaumes. Commencée par Grégoire le Grand la conversion des Anglo-Saxons fut terminée vers 700. Les missionaires anglo-saxons avaient du succès dans la Germanie (parlant la langue de leurs parents) sauf dans le pays des Saxons. St. Boniface, aussi entêté qu'eux, interdit de manger la viande des chevaux. Lorsqu'il tenta abattre à coups de hache un arbre véneré, il fut tué en 754. La lutte entre les Francs et les Saxons était le combat inégal d'un empire et d'une civilisation contre un peuple primitif. Néanmoins les

Der Name Niedersachsen ist erst seit Mitte des 14. Jahrhunderts gebräuchlich, vorher hieß es einfach Sachsen. Aber dann wanderte der Name der Sachsen mit ihren Herrschern aus den Häusern der Askanier und Wettiner elbaufwärts, das Kernland des alten Sachsen bekam den Namen Niedersachsen.

Ein Niedersachse sächselt nicht, genauso wie Widukind nicht gesächselt hat. Für Niedersachsen sind die Sachsen eine Landsmannschaft, die anstandshalber ihren Namen ändern sollte. Obwohl Rudimente niedersächsischer Vitalität auch bei den elbaufwärts angesiedelten Neusachsen ihre Spuren hinterlassen haben. Etwa bei Kurfürst August dem Starken, der in Dresden sinnenfroh Hof hielt und 365 Kinder gezeugt haben soll.

Up to the middle of the 14th century all the Saxon people were united. But when the rulers of the Askanian and Wettin dynasties left, wandering upstream along the Elbe River, they took their name with them. What had been up to then the heartland of Saxony, was renamed Lower Saxony. Despite the separation, the two Saxon peoples still share an indomitable "joie de vivre". Elector August the Strong, for example, is said to have fathered 365 children at his Dresden court.

Saxons pouvaient résister longtemps. « Universitas christiana » c'était le principe de l'empire carolingien. Charlemagne entreprit d'achever par la force la conversion des Saxons au christianisme, voulant englober leur pays. Il se heurta à une résistence opiniâtre, dirigée par un jeune chef Widukind (Witikind). La guerre dura 33 années et continua même après la conversion de Widukind (en 785) jusqu'en 804. Charlemagne finit par décréter la conversion sous peine de mort. (Mais clandestinement beaucoup de Saxons adoraient toujours leurs dieux). Quand les Saxons posèrent leurs armes à terre, des comtes, fonctionnaires des empereurs carolingiens administrèrent le pays. Charlemagne fonda les évêchés de Halberstadt, Brême, Minden, Verden et Osnabrück, son fils Louis Ier ceux de Hildesheim et de Hambourg. Charlemagne prescrivit aux évêques et abbés d'ouvrir de nombreuses écoles. Sous l'impulsion de Charlema-

Jahrhunderte hindurch machten die Nachfahren Widukinds, deren Rauflust sich leicht gemäßigt hatte und einer mehr staatstragenden Haltung gewichen war, große Politik. Sie stellten, angefangen anno 919, mit Heinrich I., der aus dem Geschlecht der Liudolfinger, auch Ottonen genannt, stammte, hintereinander eine Reihe bedeutender deutscher Kaiser.

Einer von Ihnen, Otto I., fühlte sich offenbar mehr als universaler Herrscher denn als schlichter Sachse. Er holte für seinen Sohn, dem späteren Otto II., eine Braut aus Byzanz. Die dunkeläugige schlanke Theophanu aber hat das niedersächsische Frauenideal, das mehr zu Blond und Üppig tendiert, nicht nachhaltig korrigieren können.

For centuries Widukind's descendants, whose penchant for fighting had diminished somewhat, were active in politics. Beginning with Henry I of the Ottonian dynasty, they produced one German emperor after another. Otto I, who believed himself more of a universal ruler than merely King of the Saxons; Otto the Great, as he was later known, was the founder of the Holy Roman Empire. He achieved a diplomatic triumph when Emperor John I of Byzantium gave a Greek princess in marriage to Otto's son, Otto II. Slender, dark-eyed Theophanu however, was not able to change the Lower Saxon penchant for stout blond girls.

gne le droit coutumier des Saxons fut fixé par écrit en latin : « lex saxonium ». (Au temps de Frédéric Ier Barberousse 1152–1190 le chevalier Eike von Repgow établit le code « Sachsenspiegel ». Le droit allemand est assez compliqué à cause de sa double origine romaine et saxonne). Sous Louis le premier poème en saxon prit naissance : le « Heliand ».

Lorsque mourut en 911 le dernier roi carolingien de Germanie, la couronne y devint élective. Le duc de Saxe Henri Ier l'Oiseleur (919–936) de la famille des Liudofingiers fonda une nouvelle grande dynastie. Dès 919 la Germanie (Francie orientale) se nommait regnum Teutonicorum (royaume des Allemands). Henri et ses descendants colonisaient le pays au delà de l'Elbe, où ils fondaient des margraviats saxons. L'archevêché de Magdebourg était le centre de la mission dans les pays slaves. La Saxe de nos jours est un ancien territoire colonial des empereurs et des

Noch heute zeugen Kaiserpfalzen und Königshöfe von jenen glanzvollen Tagen. Vor allem die Harzstadt Goslar war unter den Ottonen und Saliern praktisch die Residenz der deutschen Kaiser, die sich hier offenbar am wohlsten fühlten – obwohl es meistens regnete, und die rauhen Winde des Harzes gegen die Buntglasscheiben fegten.
Anfang des 12. Jahrhunderts tauchte dann durch ein weitsichtiges Projekt der Einheirat mit dem bayerischen Herzog Heinrich dem Schwarzen das Geschlecht der Welfen im Niedersächsischen auf. Bayerisches und niedersächsisches Blut kam zusammen, und das ergab eine Mischung, die bis heute allen Stürmen, die übers deutsche Vaterland brausten, wie es in der Niedersachsenhymne heißt, getrotzt hat.

Today royal courts and palaces attest to those days of glory, especially the city of Goslar. For centuries it was the favored domicile of the German emperors despite the fact that it rained more often than not and the cold winds from the Harz mountains beat against the stained-glass windows.
In the 12th century a marriage to the Bavarian Duke Henry the Black brought the Guelph dynasty to Lower Saxony. Bavarian and Lower Saxon blood mingled and brought about a combination which, according to the Lower Saxon anthem, has weathered, "all storms that blew over the German Fatherland." Later

ducs saxons et le dialecte que l'on y parle n'est pas du tout semblable au saxon véritable, à la langue du duc Widukind. Le célèbre roi de la Saxe Auguste le Fort n'était qu'un parent bien éloigné des ducs saxons, mais doté d'une vitalité pareille. Dès le 14e siècle on parle de la Basse-Saxe, qui est ainsi que la Westphalie une partie du territoire de l'ancienne Saxe. (Le cheval sur le blason de la Basse-Saxe, témoigné la première fois en 1361 est peut-être une allusion aux chefs anglo-saxons Hengist et Horsa.) Les gens de la Basse-Saxe et de la Westphalie, qui parlent le plat allemand, ont beaucoup en commun.
Les empereurs de la dynastie de Saxe fondaient des palais somptueux et des cours royales à Goslar et à Harzburg. Roswitha, chanoinesse à Gandersheim, chantait les louanges des Othons (« Gesta Odonis »). Othon Ier (936–973), hanté par le souvenir de Charlemagne, soumit étroitement les ducs à son autorité. Il

12

Später wurden die Welfen Kurfürsten von Hannover, verheirateten sich wieder nicht ungeschickt – und besetzten über 100 Jahre in hannöversch-englischer Personalunion den Thron Old Englands. Es handelte sich in seinen damaligen Sprossen um ein sehr deftiges Geschlecht, und der feine englische Adel mag bisweilen die Nase gerümpft haben. Den Stammsitz der Welfen, die Marienburg bei Hannover, hat die Royal Airforce im 2. Weltkrieg aber doch in Ruhe gelassen. Später wurden die Niedersachsen dann widerstrebend zu Preußen geschlagen. Preußisch aber haben sie nie gefühlt, und noch heute klingt an Hunderten von niedersächsischen Schützenfesttheken, besonders in der hannoverschen Ecke, das alte Kampflied

the Guelphs became Electors of Hanover and through another marriage laid claim to the throne of England. At the time they were rather a rough clan and English noblemen were somewhat contemptuous. Nevertheless the RAF spared the Marienburg Castle, traditional home of the Guelphs, in World War II.
Although unwillingly, the Lower Saxons then became part of Prussia. Even today social differences vanish as presidents and clergymen, officials and construction workers sing traditional, heart-felt anti-Prussian songs together at shooting matches and country fairs. Even in the most troubled times the people of Lower

fonda le Saint-Empire romain-germanique. La puissance de la dynastie saxonne fut assurée par des mariages : La deuxième femme d'Othon était l'héritière de la Bourgogne. Sa sœur Hadwi était la femme de Hugues le Grand, leur fils Hugues Capet se fit élire par des comtes et des evêques roi de la France, fondant ainsi la dynastie capétienne. En 927 Othon II se maria à Rome avec Théophanu, la fille de l'empereur de Byzance. En 973 Othon convoqua les comtes, les évêques et les principaux hommes libres de son empire à Quedlinbourg (Harz). Les embassadeurs de la Russie, des Bulgares, des Hongrois, de la Pologne, de la Bohême, du Danemark et de Byzance vinrent voir l'empereur. C'était le sommet de la puissance de la dynastie de Saxe. Les successeurs résidant surtout en Italie laissèrent se développer en Allemagne une foule de principautés laïques et de villes libres. Après la mort du dernier empereur de la dynastie de

auf: „Dem König von Preußen woll'n wir was. . . Dicke Hucken vor die Tür, lustige Hannoveraner, das sein wir." Minister singen dabei mit, Präsidenten, Kirchenführer und Bauhilfsarbeiter; wie überhaupt an niedersächsischen Schützenfesttheken die sozialen Unterschiede sich stark verwischen.

In dem Land zwischen Harz und Meer ließ man sich selbst in stürmischen Zeiten von einer bedächtigen Lebensart nicht abbringen. Auch das moderne Niedersachsen hat sich seine Gemütlichkeit bewahrt: Es ist eine Hochburg des Skats, ebenso des Doppelkopfs – und wer dem niedersächsischen Herzen näherkommen will, auch dem der niedersächsischen Damen, die beim Kartenspiel entschieden ihren Mann stehen, der sollte zu einer der zahllosen Skat- oder Doppelkopfrunden stoßen.

Saxony maintained their stoic pace. Today's Lower Saxony too, has preserved its traditional, unhurried "Gemütlichkeit". The state is also a stronghold of card games, notably "Skat", which they play with almost fanatical fervour. To gain the confidence of one of these people there is no better way than to join in a game although becoming one of them is not easy, as they are a people where "silence is golden" and they distrust people who talk a lot, especially those with a foreign dialect.

Saxe Henri III, le duc de la Franconie Conrad fonda la dynastie Salienne, dont le dernier Henri V mourut en 1125. Le duc de Saxe Lothaire (de la famille Supplinbourg) fut élu roi en 1125, couronné empereur en 1132. N'ayant pas un héritier masculin, il laissa son duché à son gendre Henri l'Orgueilleux (duc de la Bavière de la famille des Guelfes), désigné roi. Car la plupart des princes refusa un souverain si puissant, le duc de la Souabe Conrad fut élu roi. Le résultat en était la lutte des Guelfes et des Gibellins, embrouillée avec la lutte des papes et des empereurs. Le plus puissant des Guelfes Henri le Lion recouvra ses territoires de la Saxe et de la Bavière jusqu'à ce qu'il fut accusé de la violation de la paix publique. Sa descendance ne possédait plus que le petit duché de Brunswick-Lunebourg. La Saxe s'émietta en 60 Etats. Les villes devinrent à peu près indépandantes et s'enrichirent par le commerce ; la plupart d'eux passa du côté

Ganz leicht ist das nicht; der Fremdling, der vielleicht auch noch einen fremdländischen Dialekt spricht, muß warten können. Und schweigen. Leute, die viel reden, sind den Niedersachsen ein Greuel. Einen starken Hang haben die Niedersachsen auch zum Schrebergarten. Allein in Hannover leben über 20 000 Laubenpieper, wie der Schrebergärtner scherzhaft genannt werden. Mit ihren Familienangehörigen sind das 100 000 Menschen in Hannover, die ihr kleines Glück auf der eigenen Scholle finden. Gerade in den industriellen Ballungsgebieten Hannover, Braunschweig und Salzgitter suchen sich die Städter ihr eigenes Stückchen Land, säen Petersilie, plauschen über den Zaun hinweg mit dem Nachbarn – und stillen ein bißchen die unstillbare Sehnsucht, die ein altes Bauernvolk wohl nie verliert.

These people are also enthusiastic weekend gardeners. In Hanover alone there are some 20,000, and counting family members roughly a million people commute to a little plot of land where parsley and dill, strawberries and potatoes are planted and talking to a neighbor across the fence is a favorite pastime.
Many cities in Lower Saxony exceed the 100,000 population mark, making them "big cities" according to German standards. Nevertheless they try to retain their rural character and even in the trade fair town of Hanover, the state's capital, you encounter less of the rush and bustle typical of so many other big cities. The motto here seems to be to live on a human scale, and any attempts to build megalomaniac structures of steel and concrete are quickly suppressed.

de la Ligue hanséatique, dont la capitale était Lübeck. Chaque ville hanséatique bâtit son hôtel de ville somptueux, à signaler particulièrement ceux de Brême, Lunebourg, Minden, Göttingen, Hameln, Hanovre et Stade.
Par la guerre de Trente Ans la Basse-Saxe fut affreusement ruinée et dépeuplée. Les traité's de Westphalie (1648) garantirent aux électeurs l'indépendance totale. Les héritiers guelfes parvinrent à réunir leurs Etats au moyen de mariages prudents. La principauté Hanovre en résultant devint électorat en 1692. En 1714 à la mort da la reine d'Angleterre Anne, l'électeur de Hanovre George Louis, fils de la princesse anglaise Sophie, fut l'héritier du trône de l'Angleterre, y fondant une dynastie nouvelle.
George Ier (1714–1727) et George II (1727–1760) connaissaient mal l'anglais. Ils laissaient gouverner leurs ministres. L'union personelle était avantageuse pour les deux pays avant tout sur le plan culturel. Les musi-

Niedersachsens Städte sind keine Weltstädte, sie haben das Anheimelnde bewahrt. Selbst in der Messestadt Hannover hält sich die Unrast in Grenzen; der Menschenschlag, der hier lebt, ist immun gegen das Hektische, gegen Übertreibung aller Art. Humanisierung der Städte ist ein vielzitiertes Schlagwort. Niedersachsens Städte haben das Humane nie aus ihren Mauern verbannt – und Anflüge von architektonischer Gigantomanie in Stahl und Beton immer wieder im Ansatz erstickt.

Es weht überall ein bißchen ländliche Luft, auch in den industriellen Ballungszentren. Die Industrie gibt nicht den Ton an, prägt nicht das Bild der Städte. Selbst in der Volkswagenstadt Wolfsburg, die auf dem Reißbrett entstanden ist, haben sich mittlerweile zaghafte Keime niedersächsischer Beschaulichkeit entwickelt.

Even in the large industrial centers there seems to be a whiff of rural air. Although Wolfsburg, the town where the VW comes from, was designed on an engineer's drawing board, it has a little of that rural character particular to Lower Saxon towns. In fact, it seems that it is harder for a town in Lower Saxony to become a faceless metropolis than elsewhere. Hildesheim, for example, Lower Saxony's newest big city, has lost none of its small-town flair and many churches and even more bars and pubs make for a rural character.

ciens Haydn et Händel (chef d'orchestre de la cour de Hanovre et de Londres, enseveli dans l'abbaye de Westminster) enthousiasmaient les musiciens anglais, Leibniz inspirait les philosophes, le rabin en chef Stein venu de Hanovre réformait la synagogue de Londres. Des étudiants anglais venaient à la nouvelle université de Göttingen. Le style néoclassique est une innovation commune des architectes anglais et allemands (par exemple Chr. Wren à Londres et G. Laves à Hanovre). Les jardins anglais étaient les mòdeles des jardiniers allemands (voir à Herrenhausen). Ainsi l'Etat de Hanovre était un lien culturel entre l'Allemagne et l'Angleterre, profitant de la puissance anglaise pour l'élargissement de son territoire.

Après la conquête de l'Etat Hanovre par Napoléon la Basse-Saxe fit partie du royaume de Hollande, que Napoléon donna à son frère Louis. Le congrès de

Es ist schwer im Niedersächsischen, Großstadt zu werden, auch wenn einem zahlenmäßig dieser Rang zusteht. Hildesheim, jüngste Großstadt in der Bundesrepublik, Bischofssitz mit starker Kirchen- und noch stärkerer Kneipendichte, wird sein liebliches kleinstädtisches Flair einfach nicht los, warum auch. Osnabrück, nicht so fromm wie sein Ruf, ergeht es ähnlich. Und die Universitätsstadt Göttingen steht in dem für heutige Universitätsstädte geradezu anrüchigen Ruf, daß sich die Studenten dort sogar wohlfühlen.
Heinrich Heine, seinerzeit Student der Jurisprudenz in Göttingen, fand's langweilig, nur die gute Göttinger Wurst riß ihn bisweilen mit. Darum ging er auf Harzreise, zu Fuß, mit ein paar geliehenen Geldstücken in

Osnabrück, although not as pious as its reputation would have it, has the same "problem" and the university town of Göttingen has the almost "infamous", and definitely unusual reputation that its students actually like the place.
Heinrich Heine, Germany's famous writer, was once a law student at Göttingen's university. Bored with it all he set out on foot to explore the Harz mountains. Usually a biting critic, what he wrote about them sounds like a love letter.
The bitter irony of history

Vienne réorganisa l'Europe. Le Hanovre agrandi devint royaume en 1814. Peut-être c'était le souvenir du passé commun qui empêcha pendant la dernière guerre mondiale le bombardement du château Marienburg près de Hanovre, berceau des Guelfes. La guerre austro-prussienne amena la fin de l'Etat de Hanovre que la Prusse annexa ainsi que plusieurs Etats allemands qui avaient soutenu l'Autriche (20 sept. 1866).
Les habitants, Prussiens malgré eux, chantaient des mauvaises chansons satiriques au sujet du roi de Prusse, voulant insister sur leur identité historique, et parfois ils chansonnent encore aujourd'hui à l'occasion du tir.
Les habitants de la Basse-Saxe préfèrent une vie confortable. On joue des cartes (scat), on ne fait pas beaucoup de mots et on aime son jardin ouvrier. Aux environs de Hanovre vous trouvez plus de 20 000 jardins, 100 000 hommes sont charmés de leur petit

der Tasche. Was Heine, dessen bissige Feder sonst kaum etwas verschonte, dann über den Harz und seine Menschen geschrieben hat, liest sich wie eine einzige Liebeserklärung. Die bittere Ironie der Geschichte ist, daß Heinrich Heine in den rückständigen Zeiten der Zensur, der Fürstenherrschaft und Kleinstaaterei in Deutschland freiweg den Harz durchwandern und auch auf dem Brocken, dem höchsten Harzberg, Station machen konnte. Heute würde Heine bei einer Harzreise auf Stacheldraht und Wachtürme stoßen, und der Brocken, der jenseits der Grenze liegt, wäre für ihn unerreichbar.

Wie Heine den Harz, so hat Hermann Löns, der Westpreuße, der Niedersachse geworden ist, die Heide in die Literatur eingehen lassen. Er war lange Jahre Re-

is that in a time of principalities, grand duchies and, above all, censorship, Heine was free to roam the mountains as he pleased even climbing the Brocken, the mountain that legend describes as the meeting place of witches and demons in the Walpurgis night. Times have changed and today Heine would get only as far as the barbed wire and watch towers left to contemplate the Brocken, now on the other side of the Iron Curtain in East Germany.

Another person who fell in love with Lower Saxony was Hermann Löns, actually a west Prussian by birth. His writings immortalized Lower Saxony's famous

champ, où ils cultivent le persil (et c'est semblable aux environs de Brunswick et de Salzgitter). C'est la vie coutumière d'un ancien peuple de paysans.

Les villes de la Basse-Saxe ne sont pas des grandes capitales cosmopolites, même Hanovre avec sa foire a conservé son charme, il n'y a pas trop de trouble. A cause du morcellement historique de la Basse-Saxe vous trouvez les petites villes au loin et au large, qui ont conservé leurs proportions s'accordant à l'humanitè. Pensez à Hildesheim, évêché fondé par Louis (le fils de Charlemagne) avec ses cathédrales romanes, à Osnabrück, évêché fondé par Charlemagne, à Hannoversch Münden, que A. v. Humboldt comptait parmi les plus belles villes du monde. Et même les nouvelles villes industrielles (par exemple Wolfsburg, la ville du « Volkswagen » ont développé une faculté d'accomodation.

La ville Göttingen a pris naissance à l'intersection de voies de circulation an-

dakteur in Hannover, und von dort aus ist er, mit Notizblock und Gewehr, immer wieder in die Heide aufgebrochen.

Löns hat den melancholischen Zauber der Heidelandschaft so einfühlsam besungen, daß sich überm Heidekraut die Schleusen des Tourismus öffneten. Allerdings erst lange nach seinem Tode. Löns ist 1914 gefallen; die ihm nahestanden sagen, es sei eine Erlösung für den zergrübelten Mann gewesen, der bei allen Ausbrüchen wilder Lebenslust die Schatten der Schwermut nicht abschütteln konnte. Seine Lieder, die Volkslieder geworden sind, klingen bei niedersächsischen Herrenabenden Lönsscher Prägung, also ohne feste Promillegrenze, immer noch auf. Und welcher niedersächsischer Herrenabend hat keine Lönssche Prägung.

Lüneburg Heath. At the time an editor in Hanover, he often set out armed with a rifle, pen and paper to roam through the heath. It was his writings which, long after his death, made the area so popular and his poems and songs have become folk songs, known far beyond the borders of Lower Saxony. Killed in 1914, those close to him said his death was a salvation for this man who, even in moments of joy, did not seem able to shake the shadow of sorrow that hung over him. Perhaps one should also write about Eichsfeld, that region where Germany's

ciennes, siège d'une université fondée en 1737 par George Auguste de Hanovre. La statue de la Lisette aux oies sur la place du Marché a été baisée maintes fois par les étudiants. Henri Heine (étudiant de la jurisprudence) se moquait de la ville, où « il y a quatre états : les étudiants, les professeurs, les philistins et le bétail. » Il aimait mieux la montagne Harz : « Je veux monter sur les monts où les sapins sombres s'élèvent où les ruisseaux murmurent, les oiseaux chantent et les nues hautaines s'en vont à toute vitesse ». C'est une ironie de l'histoire, que Henri Heine, vivant à la période du particularisme, pouvait traverser librement cette montagne et visiter le Brocken, le plus haut mont (salle de dance des sorcières), qui nous est inaccessible à cause des haies barbelées. La montagne était riche en ressources du sous-sol (étain, plomb, cuivre, argent et or). Les villes Goslar et Clausthal en profitaient. Les miniers élevaient des oiseaux : des

Das Eichsfeld müßte noch besungen werden, das die mitreißendsten Mettwürste unter der Sonne, Kälberblasen genannt, den Niedersachsen schenkt. Aber die meisten Kälberblasen essen die Eichsfelder selbst.

Und dann die ostfriesischen Inseln, das elegante Norderney, das winzige Baltrum, Spiekeroog mit seiner alten Kirche, in der Erinnerungsstücke eines 1588 gestrandeten Schiffes der spanischen Armada zu sehen sind. Langeoog, auf der Lale Andersen, die Lilly Marlen, gelebt hat, Juist mit seinem einzigartigen Vogelparadies, Borkum mit seiner niederdeutschen Bühne und Wangerooge, das ganze zwei Meter über dem Meeresspiegel liegt. Die Strände dieser Inseln sind weit und von leuchtendem Weiß. Das Brandungslied der Nordsee ist in der Kurtaxe mit eingerechnet.

most famous sausages come from. Unfortunately Germany does not see very many of the sausages produced here as the people of Eichsfeld eat most of them themselves.

Let us continue with the East Frisian islands; elegant Norderney, tiny Baltrum, Spiekeroog and its old churches where pieces of a ship from the Spanish Armada that stranded there in 1558 are kept. There is also Langeoog where Lale Andersen, better known as Lilly Marlen, lived. The island of Juist has a unique "bird paradise" and Borkum a famous Low German theater and Wangerooge rises a bare two meters above sea level. The island's beaches are long and a brilliant white and the melody of the North Sea waves on the shore is included in the bill.

pinsons et des canaris. Aujourd'hui le Harz est surtout un territoire touristique.

Les Landes de Lunebourg, vivant également du tourisme, furent glorifiées par le poète Hermann Löns, né dans la Prusse occidentale, resté sur le terrain en 1914. Ses chansons sont inoubliables. C'est un paysage crée par l'homme. Depuis 4000 années des moutons rongaient les petits arbres. Pour conserver les landes il est nécessaire de paître les moutons (Heidschnucken), qui broutent les jeunes bouleaux et chênes. Un territoire de protection de la nature se trouve aux environs de Wilsede. La ressource principale de la ville hanséatique Lunebourg était le sel, dont on avait besoin pour rendre les aliments durables et savoureux, tels que les andouilles renommées de la région d'Eichsfeld.

Les premiers témoignages des îles de la Frise orientale se trouvent dans les œuvres des auteurs romains Strabo et Plinius. Un document du

Windumweht erstreckt sich Ostfriesland zwischen Jade und Dollart. Wilhelmshafen, wo Ringelnatz als Seemann anheuerte, ist für die Ostfriesen schon Ausland. Die Menschen hier an der Küste haben noch Reste munteren Seeräuberblutes in den Adern – und das Witzige an der Ostfriesenwitzen, die seit Jahren alle deutschen Volksstämme erfreuen und die Ostfriesen als die letzten Deppen darstellen, ist, daß die Ostfriesen diese Witze selbst erfunden haben. Es war ein genialer Werbeeinfall, er hat die Ostfriesen keine Mark gekostet.

Der Statistik nach erreichen die Ostfriesen das höchste Durchschnittsalter in der Bundesrepublik. Experten meinen, das hänge auch mit den gewaltigen Mengen an Tee zusammen, die jeder Ostfriese in seinem Leben konsumiert. Der ostfriesische Tee aber hat Eigenschaften, die manchem

The windy region of East Friesland stretches from the town of Jade to Dollart. Its people, some of whom still have a drop or two of pirate's blood in their veins, are the object of a large number of jokes in Germany. The funny thing, however, about these jokes which make the people of East Friesland out to be singular idiots and fools, is that the East Frisians invented the majority of these jokes themselves. An ingenious advertising campaign, it didn't cost them a single pfennig.

According to statistical information, East Frisians have the highest life expectancy of all the German people. Some experts believe that this results from the vast quantities of tea

11 sept. 1398 mentionne la première fois les îles Borkum, Juist, Baltrum, Langeoog, Spiekeroog etc. Ainsi que leurs parents des Pays-Bas les Frisons luttaient contre les inondations. Une zone côtière a été conquise sur la mer à l'abri d'un cordon de dunes consolidées et de digues. Ce rempart a été rompu plusieurs fois par l'assaut des vagues. On y trouve aujourd'hui des terres au dessous du niveau de la mer. Les polders sont d'une étonnante richesse agricole. On dit, que la cloche de l'église de Spiekeroog est restée des débris d'un bateau de l'armada espagnole naufragé en 1588. La première station climatique à la côte de la mer du Nord fut fondée sur l'île Norderney. Sur Juist et Langeoog, berceau de la chanteuse Lale Andersen (Lilly Marleen), se trouvent des territoires de protection de la nature (protégeant la couvée des oiseaux). Borkum, la plus grande des îles, est une station climatérique renommée (théâtre folklorique).

Fremdling erst aufgehen, wenn er nach der sechsten Tasse selig vom Stuhl rutscht.

Ein Abstecher nach Bremen, ein Katzensprung nur, bietet sich an. Bremen gehört leider (sagen die Niedersachsen) nicht zu Niedersachsen; eine starke Seelenverwandtschaft ist jedoch unverkennbar. Die Freie Hansestadt Bremen, das kleinste Land der Bundesrepublik, ist die gemütlichste Großstadt hienieden, sagen weitgereiste Kenner. In Bremen ist alles stilvoll: Der Marktplatz mit seinen wunderschönen alten Bauten – und auch die Bremensche Kneipenszene. Man will da gar nicht wieder heraus aus diesen urigen Lokalen, die so gediegen sind wie die Bremer selbst.

Zwischen Niedersachsen und dem Lande Bremen,

they consume annually. But it seems that East Frisian tea is rather unique as anyone who has drunk his sixth or seventh cup and slides blissfully from his chair into a schnaps or rum-induced dreamland, will testify.

A stone's throw from East Friesland are Bremen and Bremerhaven. Despite the fact that these cities are technically not part of Lower Saxony there is a strong kinship between them. The free Hanse city of Bremen is, according to many widely travelled people, not only Germany's smallest state, but also one of the most pleasant cities in the Federal Republic. Everything in Bremen has style, from the beautiful old buildings on the market square to the numerous bars and pubs.

There is perhaps only one major point of controversy between the Lower Saxons and the people of the Bre-

Partout on est charmé du sable blanc lumineux.

Aurich, le centre de la Frise orientale, était la capitale des chefs frisons des familles tom Brok, Ukena et Cirksena, à la mort du dernier Cirksena (Charles Edzard) en 1744 Frédéric II le Grand, roi de Prusse était l'héritier. Le passé prussien se fait voir surtout à Emden et à Wilhelmshaven, ce sont les grands ports de ce pays des marins (admirés des romains et de l'historien Adam de Brême, 1070), navigateurs et pirates (Klaus Störtebeker). Depuis longtemps on y importe le thé, parceque l'eau de cette région a un goût bourbeux – et vous trouvez parfois de la porcelaine chinoise dans des fermes de la Frise orientale. Peut-être le thé mélangé avec du rhum prolonge la vie des gens de la Frise orientale, faisant eux-mêmes de l'esprit malicieux – à cause de cela le pays est connu partout.

L'ancienne ville hanséatique Brême (1358, ville libre impériale 1646) ne fait pas partie de la Basse-Saxe,

wozu auch Bremerhaven (mit dem größten Passagier- und Auswandererhafen der Bundesrepublik) gehört, gibt es eigentlich nur einen Streitpunkt. Die Niedersachsen schwören auf ihr winterliches Nationalgericht Braunkohl mit Brägenwurst, was die Bremer ihrer festen Meinung nach zu Grünkohl mit Pinkel veredelt haben. Nur feine Unterschiede schmeckt der Gourmet heraus – fett, daß es aufspritzt, wenn man mit der Gabel zusticht, ist beides. Deshalb muß der Klare her, und hier wird die Seelenverwandtschaft zwischen Bremern und Niedersachsen wieder offenkundig.

Natürlich kann man durch Niedersachsen auch eine reine Bildungsreise unternehmen, obwohl das bei den Verlockungen niedersächsischer Lebensart schwerfällt. Berühmte Dome laden ein, Kaiserpfalzen und Kunstdenkmäler warten darauf, besich-

men state, which of course includes Bremerhaven, Germany's largest passenger and fishing port. That controversial point is food. The Lower Saxons swear by their national dish of broccoli and sausage while the Bremeners claim to have refined this and call it "Grünkohl mit Pinkel" – green kale with piss. Only a gourmet can really appreciate the fine differences, insofar as there are any, between the two dishes. In any case the strong kinship between the devotees reappears as they both reach for their bottles of schnaps or kümmel.

If you have the will power to divert your mind from the pleasures of the flesh, or specifically the stomach, Lower Saxony has much to offer in the cultural sphere. Countless cathedrals and churches, royal palaces and imperial fortresses, museums and libraries are

c'est l'Etat le plus petit de l'Allemagne Fédérale. En 1522 les citoyens de Brême adoptèrent les idées de Martin Luther. En 1806 Brême se nommait ville libre et hanséatique. Nous admirons l'avenante place du Marchè : les rangées de belles maisons, la cathédrale St. Pierre et l'hôtel de ville gothique avec la statue de Roland (1404, symbole de la liberté bourgeoise). La clef de St. Pierre sur le blason de la ville est l'emblème du trafic international. De l'avant-port Bremerhaven (fondé en 1825) les paquebots partiraient vers l'Amérique. Ayant visité le port, le touriste pourrait essayer une spécialité alimentaire de Brême, que l'on y mange pendant l'hiver : le chou-vert avec des saucissons assez gras (surnommés Pinkel) et un petit verre.

On trouve maintes localités interessantes sur le plan historico-artistique en Basse-Saxe avant tout aux bords de la Weser : Vous y voyez des échantillons du style de la Renaissance de la Weser, des hôtels de ville, des châ-

tigt zu werden. Manches von der großen Geschichte des Landes hat, in Stein gehauen, allen Stürmen und Zerstörungen getrotzt. Niedersachsen – das sind vor allem seine Menschen, in denen, sorgfältig getarnt, etwas von Till Eulenspiegel schlummert, dem niedersächsischen Narren aus Schöppenstedt, der in vielerlei Gestalt, bisweilen auch in solcher führender Politiker, immer noch seine Späße treiben soll.
Niedersachsen, das ist auch die Künstlerkolonie Worpswede. Rilke hat hier zeitweise gelebt und gedichtet, aber es ist ihm dann wohl etwas sehr niedersächsisch zugegangen.
Wilhelm Raabe und Hoffmann von Fallersleben, der Dichter des Deutschlandliedes, Börries von Münchhausen und Heinz Erhardt, Karl Krolow und Rudolf Platte, Gotthold Ephraim Lessing, der die Bibliothek in Wolfenbüttel geleitet hat,

mute witnesses to the passage and ravages of time. Above all, however, Lower Saxony is characterized by its people, people who still carry the traditions of Till Eulenspiegel, that famous harlequin from Schöppenstedt, in their hearts. Even today rumour has it that Till Eulenspiegel still plays his games and jokes, albeit reincarnated in the form of prominent politicians.
This is also the land of the famous artists colony of Worpswede. Among others, Rainer Maria Rilke, one of the most famous German poets, lived and worked here intermittently. Wilhelm Raabe, Hoffmann von Fallersleben – who wrote the German national anthem – Börries von Münchhausen, Heinz Erhardt, Karl Krolow, Rudolf Platte, Gotthold Ephraim Lessing and Rudolf Aug-

teaux élégants et des maison patriciennes splendides et nombreux beaux hôtels particuliers anciens. Des pittoresques maisons à pans de bois bordent les rues de maintes villes. Les cathédrales, les bâtiments conventuels et les palais de la Basse-Saxe reflètent l'évolution historique. Goslar et Stade sont des échantillons des villes, conservées dans leur forme médiévale originale.
Que dirais-je des hommes de la Basse-Saxe, parents de Till Ulenspiegel, né à Schöppenstedt ? On doit toujours s'attendre à des surprises même sur plan politique.
La colonie des artistes à Worpswede était renommée au 19 e. siècle, le poète Rilke y vivait, les peintres impressionistes glorifiaient le paysage de la côte. Les peintres de la groupe Brükke vivaient à Dangast. La famille Ruhe fondait la plus grande maison du commerce zoologique à Alfeld. A signaler particulièrement des habitants célèbres de la Basse-Saxe : l'au- 24

und Rudolf Augstein, der „Spiegel"-Herausgeber – alles Niedersachsens Söhne, zu denen auch 18 Nobelpreisträger, darunter Robert Koch, Max Planck, Otto Hahn und Werner Heisenberg, zählen, die das Land bisher hervorgebracht hat.

Und Wilhelm Busch, der die Melancholie, die jedes Niedersachsenherz durchweht, in leisen und gelegentlich auch deftigen Tönen des Humors eingefangen hat. „Max und Moritz", bei seinem Erscheinen von den Pädagogen heftig angegriffen, ist heute in 47 Sprachen übersetzt, sogar in Latein. Max und Moritz kommen noch im Grabe aus dem Lachen nicht heraus.

Busch beschreibt in einem seiner Gedichte einen Vogel, der auf dem Leim festsitzt, herumflattert – und ein schwarzer Kater schleicht sich heran.

stein, publisher of Germany's largest news magazine–Der Spiegel–are but a few of Lower Saxony's famous personalities. This state has also produced 18 Nobel Prize winners such as Robert Koch, Max Planck, Otto Hahn and Werner Heisenberg.

There is also Wilhelm Busch whose famous stories of Max and Moritz have been translated into 47 languages including Latin. Busch was a master at capturing the melancholy mood of this land in humorous verses. Humor too is a basic characteristic quality of the people of Lower Saxony.

teur Wilhelm Raabe, le poète Hoffmann von Fallersleben (auteur de la chanson de l'Allemagne), le baron Börries von Münchhausen (le célèbre « baron menteur ») né à Bodenwerder, les acteurs Heinz Erhardt, Karl Krolow et Rudolf Platte, le critique et auteur dramatique Gotthold Ephraim Lessing (1729–1781) bibliothécaire à Wolfenbüttel, Rudolf Augstein éditeur du « Spiegel ». Des titulaires du prix Nobel nous mentionnons seulement Max Planck, Otto Hahn et Werner Heisenberg.

Wilhelm Busch, le célèbre humoriste – auteur du livre « Max et Maurice » (traduit en 47 langues même en latin) – est honoré par l'exposition du musée commémoratif à Hanovre (dans le palais George de Herrenhausen).

Dans un de ses pièces de vers Wilhelm Busch décrit un oiseau englué et un chat noir se glissant :

Der Vogel denkt: Weil
das so ist
Und weil mich doch der
Kater frißt,
So will ich keine Zeit ver-
lieren,
Will noch ein wenig
quinquillieren
Und lustig pfeifen wie
zuvor.
Der Vogel, scheint mir,
hat Humor.

Humor als ein Grundzug
niedersächsischen Lebens-
gefühls hat Wilhelm Busch
hier in Verse gefaßt – obwohl Niedersachsen nur
selten pfeifen und nur in
Zwangslagen schunkeln
und mehr auf leise Weise
heiter sind.
Und noch eine Wilhelm
Busch-Weisheit, aus seiner
„Frommen Helene": „Man
preise nicht als Sittsamkeit
den Mangel an Gelegen-
heit." Daß sie Mangel an
Gelegenheiten litten, das
Diesseits kräftig zu genießen, haben sich die Niedersachsen niemals nachsagen
lassen.

There is another line of
Wilhelm Busch's according
to which "morality is a
virtue which results from
lack of opportunity". Lack
of opportunity, however,
has never been a problem
in Lower Saxony.

« L'oiseau pense : puisqu'il
est ainsi
et le chat me mangera bientôt,
je ne veux pas perdre du
temps,
je vais reprendre contenan-
ce
et recommencer mon rama-
ge gai.
L'oiseau, je pense, a d'humour. »
L'humour est ridiculiser
son infortune, c'est une manière de penser très répan-
due en Basse-Saxe, pensez
à Till Ulenspiegel, au « baron menteur » et aux gens
de la Frise orientale, qui
profitent des railleries. Une
autre sentence de W. Busch
était : « On ne doit pas esti-
mer vertueux celui qui
manque d'occasion ». Les
hommes de la Basse-Saxe
ont souvent saisi l'occasion
de jouir de ce monde.

27

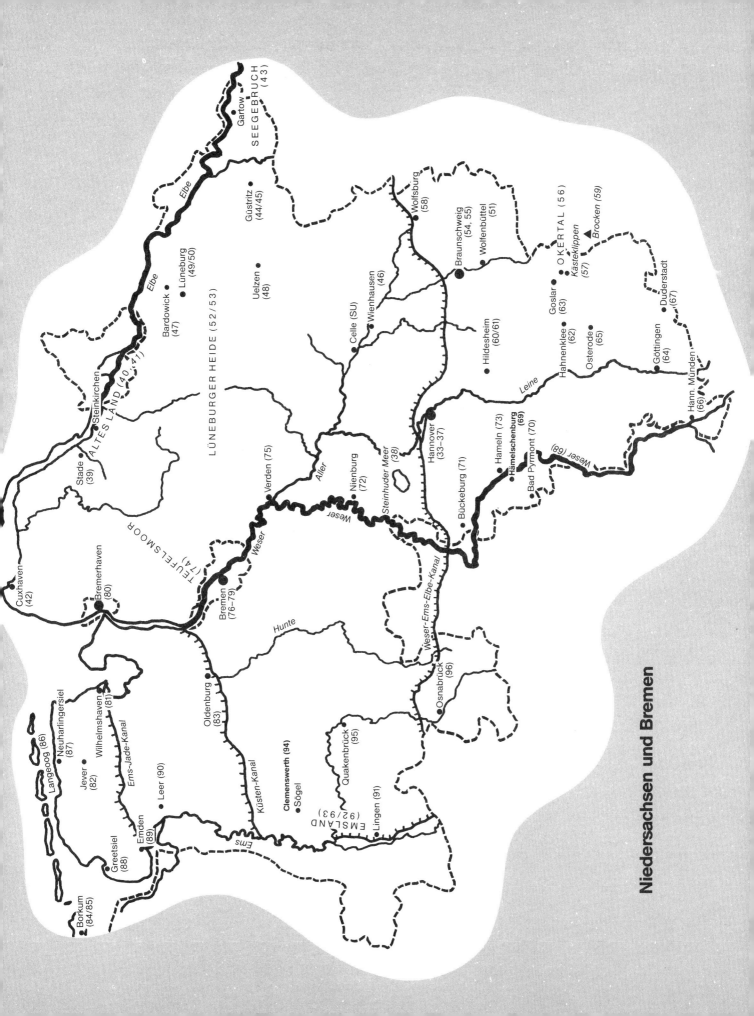

Niedersachsen und Bremen

SEEGEBRUCH (43)

Gartow

Elbe

Elbe

Güstritz (44/45)

Elbe

Bardowick (47)

Lüneburg (49/50)

Steinkirchen

ALTES LAND (40/41)

Uelzen (48)

LÜNEBURGER HEIDE (52/53)

Wolfsburg

Braunschweig (54, 55)

Wolfenbüttel (51)

OKERTAL (56)

Kästeklippen (57)

Brocken (59)

Düderstadt (67)

Hildesheim (60/61)

Goslar (63)

Hahnenklee (62)

Osterode (65)

Göttingen (64)

Hann. Münden (66)

Celle (SU)

Wienhausen (46)

Leine

Stade (39)

Verden (75)

Aller

Nienburg (72)

Steinhuder Meer (38)

Hannover (33–37)

Hameln (73)

Hämelschenburg (69)

Bad Pyrmont (70)

Weser (89)

TEUFELSMOOR (74)

Weser

Weser

Bückeburg (71)

Bremen (76–79)

Cuxhaven (42)

Bremerhaven (80)

Hunte

Weser-Ems-Elbe-Kanal

Osnabrück (96)

Langeoog (86)

Neuharlingersiel (87)

Jever (82)

Wilhelmshaven (81)

Ems-Jade-Kanal

Oldenburg (83)

Leer (90)

Küsten-Kanal

Clemenswerth (94)

Sögel

Quakenbrück (95)

Lingen (91)

EMSLAND (92/93)

Greetsiel (88)

Emden (89)

Ems

Borkum (84/85)

Wenn Sie die hintere Schutzumschlag-Klappe aufschlagen, haben Sie
direkt neben dem Bildteil das Abbildungsverzeichnis!

HERR DEINE WEGE VND HOFFE AVFF IHM ER WIRDS WOHL MACH

RVFF GOTT DEN ALLER HÖCHSTEN AN DAS ER DEIN THVN GELINGEN VND NICHT FEH

St. Marcus

Jhus Christus

St. Lukas

GERDT HEINRICH MEVSCHE
SVSANNA GERDRAV CÖLEN
GEB

rant Walhalla Hotel

Restaurant Wal

BILDERLÄUTERUNGEN PHOTO CAPTIONS LEGENDES D'IMAGES

SEITE 33 bis 37: *Hannover* ist die Hauptstadt des Landes Niedersachsen. 1163 wird die Stadt erstmals urkundlich erwähnt. Forschungen haben aber erwiesen, daß der Platz an der Leine schon Jahrhunderte vorher besiedelt war. Hannover war zeitweise Mitglied der Hanse. Damals wurden die Weichen für die wirtschaftliche Entwicklung gestellt. Im 2. Weltkrieg wurde Hannover schwer getroffen, bedeutende Bauwerke sind untergegangen. Anderes konnte erhalten oder wiederhergestellt werden, so das Alte Rathaus, die gotische Marktkirche, das Opernhaus und das Leineschloß, in dem heute der niedersächsische Landtag regiert. Die Stadt wurde großzügig und modern wieder aufgebaut. Architektur und Verkehrsanlagen der Nachkriegszeit gelten als vorbildlich. Das kulturelle Leben ist durch zahlreiche Institutionen gekennzeichnet, die der Stadt auch auf diesem Gebiet Bedeutung verschaffen, darunter die Technische Universität, Museen von internationalem Renommé, die Kestner-Gesellschaft und der ambitionierte Kunstverein.

SEITE 33: Verwaltungsmittelpunkt der Stadt ist das Anfang des 20. Jh. erbaute Neue Rathaus am Maschpark mit seiner berühmten goldenen Kuppel, aus der man den schönsten Blick auf die Stadt hat. Südlich anschließend wurde in den 30er Jahren auf den Leinewiesen der Maschsee angelegt, der eine der erfreulichsten Schöpfungen moderner Stadtlandschaftsgestaltung ist und der Stadt gewissermaßen eine neue Dimension verleiht.

SEITE 34: Alljährlich im April läßt Hannover die Alltagsmaßstäbe weit hinter sich und wächst über sich selbst hinaus. Die Hannover-Messe ist ein Begriff in aller Welt. Es ist *die* große Industrie-Schau, ein internationaler und längst unentbehrlicher Treffpunkt für alle, die Industriegüter kaufen oder verkaufen wollen. Eine Million Besucher trifft auf annähernd 5000 Aussteller, deren Stände ein riesiges Areal bedecken. Da sind 150 Nationen zu Gast in Hannover, und die Stadt hat alle Hände voll zu tun, um diesen Ansturm organisatorisch zu bewältigen.

SEITE 35: Im alten Hannover hatte das

PAGE 33-37. *Hanover,* the capital of the state of Lower Saxony, was first documented in 1163. Scientific research has, revealed, however, that the area on the Leine River was already settled long before that date. Later Hanover was intermittently a member of the Hanseatic League. The marriage of Elector Ernst August to Sophia, granddaughter of James I of England, brought the throne of England to his son (1714), Elector Georg Louis, later George I of England. Personal union of Great Britain and Hanover continued under the House of Hanover, now known as the House of Windsor. In World War II the city was heavily bombed and many important buildings were destroyed, although some were saved and reconstructed. Among these are the Old City Hall, the Gothic Market Church, the Opera and the Leine Palace, which today houses the state parliament. Today it is a modern city and its traffic layout and architecture are considered exemplary. In the cultural sphere numerous institutions such as the Technical University, internationally renowned museums, the Kestner Society and the Kunstverein (Art Society) enhance the city's reputation.

PAGE 33. The administrative center of Hanover is the new city hall near the Masch Park with its well-known golden cupola from where you get the best view of the city. The complex was built in the beginning of the 20th century. Adjacent to it in the south is Maschsee, an artificial lake dating from the 1930's, considered one of the most exemplary ideas in modern city landscaping.

PAGE 34. Every April Hanover leaves behind the routine of every-day life and becomes the scene of the world's largest fair, an industrial trade show. Roughly one million visitors visit the 5,000 stands which cover the large fair grounds on which 150 nations show their products.

PAGES 33–37. *Hanovre* est la capitale politique de la Basse-Saxe, mentionnée la première fois en 1163. La ville a pris naissance à l'intersection de voies de circulation anciennes (droit municipal de 1241), les premiers habitants y vivaient déjà de centaines d'années auparavant. Hanovre était ville hanséatique, ce qui était le début de son essor économique. Résidence des Guelfes au 17e siècle elle était un centre culturel et artisistique, berceau de G. W. Leibniz (1646–1716). Très endommagé au cours de la dernière guerre mondiale, Hanovre a été fort bien restauré. Quelques édifices anciens ont été reconstruits. A signaler particulièrement : l'ancien hôtel de ville (15e siècle, gothique), l'église du Marché St. Georges et St. Jaques (gothique nord-allemand de briques, 14e siècle), l'opéra, le palais Wangenheim et le château Leineschloß, fondé en 1640 par le duc George von Calenberg, fréquentes transformations et restaurations, refondu en établissement de la diète (1954–62). Hanovre est aujourd'hui une ville moderne, un centre industriel au milieu de la verdure. A l'essor industriel correspond l'élan culturel : il y a une université technique, des théâtres, des bibliothèques et des musées renommés, dont les plus importants : le musée de l'Etat (art et histoire, ethnologie) et le musée Kestner (musée des arts et des métiers, art gréco-romain, égyptien et médiéval) assisté par la société Kestner. La société de l'art est aussi très active.

PAGE 33. Le nouveau hôtel de ville (première moitié du 20 siècle est joliment situé au bord du nouveau lac artificiel Maschsee (créé 1934–1936, un lieu de récréation populaire). De la coupole dorée de l'hôtel de ville on a une magnifique vue panoramique sur la ville. Monuments voisins : le musée de l'Etat et le musée Kestner.

PAGE 34. La foire de Hanovre, qui a lieu chaque avril, est bien renommée dans tout le monde : Une exposition internationale, qui étale la capacité productive de l'industrie, une place à l'ambiance internationale – les acheteurs et les vendeurs des marchandises industrielles s'y donnent rendez-vous. Une million de visiteurs et à peu près 5000 exposants com-

Fachwerk immer seinen Platz. Hier am Holzmarkt wird dies auch heute noch augenfällig. Ganz nahe auch der Ballhof (1664), das schönste Fachwerkhaus Hannovers, das heute als Schauspielhaus dient. Den Holzmarkt selbst schmückt ein Brunnen aus der Zeit der Jahrhundertwende, der Oskar-Winter-Brunnen, dessen geschmiedeter Baldachin einen ehernen Schmied überwölbt.

SEITE 36/37: Mit Recht ist die Stadt stolz auf zahlreiche Parks und Grünanlagen. Hannover nennt sich gern die „Großstadt im Grünen". Der überzeugendste Beweis für die Berechtigung dieses Anspruchs sind die Herrenhäuser Gärten im Nordwesten der Stadt. Sie wurden im 17. Jh. angelegt und haben die Zeiten unverändert überdauert. Streng geometrisch, wohl geordnet und wunderbar gepflegt bedeckt der Große Garten ein weit gedehntes Gelände mit Rasen und Blumen, Hecken und Bäumen, mit Skulpturen und Wasserkünsten, darunter befindet sich die höchste Gartenfontäne Europas. Zum Komplex dieses riesigen Parks gehört auch der Berggarten Herrenhausen, ein Botanischer Garten aus der gleichen Zeit, und der Georgengarten, der, als Landschaftsgarten konzipiert, ein Gegenstück zum Großen Garten bildet.

SEITE 38: Im Nordwesten von Hannover liegt das *Steinhuder Meer,* mit 7 km Länge und 5 km Breite der größte Binnensee in Niedersachsen, der allerdings nur stellenweise mehr als 3 m Tiefe hat. Verständlich, daß er ein konkurrenzloses Seglerparadies ist. Von Steinhude aus kann man in einer kurzen Bootsfahrt den Wilhelmstein erreichen, eine kleine Musterfestung auf künstlicher Insel, die im 18. Jh. als Kriegsakademie angelegt wurde und heute ein beliebtes Ausflugsziel ist.

SEITE 39: *Stade,* die alte Stadt an der Schwinge, kurz ehe diese in die Elbe mündet, ist jahrhundertelang Vorläuferin und Rivalin des sie später überflügelnden Hamburg gewesen. Die große Vergangenheit leuchtet noch in manchen Straßen und Bauten der wasserumsäumten Altstadt. Zu den schönsten Bürgerhäusern der Stadt gehört das Bürgermeister-Hintze-Haus (links im Bild), das seinen Namen nach jenem Bauherrn trägt, der einem älteren Bau 1621 die prachtvolle Fassade vorblenden ließ. Das Haus wur-

PAGE 35. Half-timbered architecture was always an integral part of Hanover. On the Holzmarkt there is a beautiful fountain from the turn of the century with a wrought-iron canopy. Nearby is the Ballhof (1664), the most beautiful half-timbered house in Hanover and today a theater.

PAGE 36/37. The city of Hanover is proud of its numerous parks and gardens, and it is sometimes called the "metropolis in the country". The best example of these parks are the Herrenhäuser Gardens in the northwest of the city. These geometrically landscaped and carefully tended gardens were laid out in the 17th century. The "Großer Garten" is a large area of grass and flowers, trees and shrubs with many sculptures and waterworks (among them the highest fountain in Europe). The Herrenhäuser Botanical Gardens also date from the 17th century and the "Georgengarten", a landscape garden, was meant to be the counterpoint to the "Grosser Garten".

PAGE 38. Lower Saxony's largest inland lake, the *Steinhuder Meer,* is 7 kilometers long and 5 kilometers wide with an average depth of only three meters. It is a popular sailing area, and the tourist spot of Wilhelmstein, and 18th-century military academy, is only a short boat ride from the shore.

PAGE 39. *Stade,* for centuries precursor and rival of the Hanseatic city of Hamburg, is an ancient city on the Schwinge River. Water surrounds the old town in which numerous streets and buildings testify to the city's former splendor. Pictured here, to the left, is Bürgermeister-Hintze house, one of the most beautiful burgher houses in the city, named after Mayor Hintze.

blent les salles d'exposition. On y trouve des gens de 150 nations et la ville est assidue auprès d'eux. En même temps que la foire industrielle une exposition de l'art et des antiquités a lieu à Hanovre (Herrenhausen).

PAGE 35. Même après les destructions de la dernière guerre mondiale il est resté de l'architecture à pans de bois bien plus que n'en évoque notre énumération, savoir : la place du Marché au bois, tout près se trouve la maison « Ballhof » (« maison du jeu de paume ») (1664), la plus belle maison à pans de bois de la ville (aujourd'hui théâtre). Sur la place du Marché au bois une fontaine est ornée d'un dais forgé. Le centre de la ville est aujourd'hui une zone réservé aux piétons.

PAGES 36/37. Hanovre est une grande ville moderne au milieu de la verdure et ses habitants font l'éloge des parcs magnifiques. Un très bel échantillon est le château de plaisance baroque Herrenhausen (dont seulement l'édifice de la galérie est conservé) et son célèbre et charmant « grand parc », établi au 17e siècle selon l'ordonnance sévère géometrique des parcs classiques néderlandais. Nombreux et gracieux motifs de jardin : nombreux monuments et nombreuses fontaines, des jets d'eau splendides, des grottes et le théâtre du parc. Dans le jardin de montagne (aujourd'hui jardin botanique) de la même époque se trouve le pavillon de la bibliothèque (1817–20, G. Laval). Dans les sud-est de l'ensemble se trouve le jardin du roi George, un jardin anglais (établi en 1779). Dans le palais George (1780–96) au milieu de ce parc se trouve aujourd'hui le musée Wilhelm Busch.

PAGE 38. Situé au nord-ouest de Hanovre, le lac *Steinhuder Meer* (7 km. de longueur et 5 km. de largeur, profondeur moyenne 3 mètres) est le plus grand lac de la Basse-Saxe, un paradis sans pareil pour ceux qui font voile. La ville dénominataire Steinhude est une belle station climatique avec un bain de boues minérales. Non loin de Steinhude se trouve le château Wilhelmstein (1761–67), édifié sous l'impulsion du comte Guillaume de Schaumburg sur une île artificielle, qui était école de guerre (un écolier célèbre : Scharnhorst!); aujourd'hui musée, un but d'excursions très fréquenté.

PAGE 39. *Stade,* la vieille ville au milieu du pays Altes Land mentionnée la pre-

de in unserem Jahrhundert gründlich erneuert.

SEITE 40, 41: Das *Alte Land* zwischen Buxtehude und Stade, in Blickweite noch von Blankenese, ist seit vielen Generationen seiner reichen Obstkulturen wegen berühmt. Im Frühjahr ist das Land ein einziges Blütenmeer aus ganzen Wäldern von Obstbäumen. Dann kommen die Besucher aus Hamburg und Bremen und aus ganz Norddeutschland, um die Pracht der weißen und rosaroten Blüten zu genießen. Die Häuser der Obstbauern haben einen eigenen Charakter: zwischen weißgestrichenem Fachwerk ist leuchtend roter Backstein zu kunstvollen Mustern geordnet (S. 41), die Haustüren sind häufig schön geschnitzt. Zu den einzelnen Gehöften führen prächtige Prunkpforten. Seite 40 zeigt eine solche Pforte bei *Steinkirchen*.

SEITE 42: Unmittelbar, ehe die Elbe in die Nordsee mündet, berührt sie *Cuxhaven*. Und Cuxhaven, das ist nicht nur ein großer, moderner Badeort, das ist viel mehr noch der bedeutende Seehafen. Das Bild zeigt das vielbesungene Hafenbollwerk der „Alten Liebe". Es hat heute nicht mehr seine alte Bedeutung, aber es bleibt ein immer wieder angesteuertes Touristenziel. Radarzentrale und Schiffsmeldedienststelle haben darüber hinaus für die Alte Liebe eine neue wichtige Funktion gebracht.

SEITE 43: Im *Seegebruch* im östlichsten Zipfel Niedersachsens nahe der Elbe erinnert die Landschaft mit Seen und Mooren, Sand und Birken an die Mark Brandenburg jenseits des großen Stroms. Mittelpunkt des waldreichen Landes ist die Stadt Gartow, die auch dem ausgedehnten benachbarten Forstgebiet den Namen gab.

SEITE 44/45: Das Land zwischen Lüneburger Heide und Elbe kennt man als das Hannoversche Wendland – was darauf schließen läßt, daß einst von Osten gekommene Wenden die ersten Siedler waren. Tatsächlich unterscheidet sich die Siedlungsform deutlich vom übrigen Niedersachsen. Charakteristisch sind die Rundlingsdörfer: die Giebelseiten der Bauernhäuser mit ihrem schlichten, schmucklosen Fachwerk stehen in der Runde um den Dorfplatz mit seinem Teich, mit Bäumen und Brunnen. Als schönes Beispiel dafür mag das Dorf *Gü-*

PAGES 40, 41. For many generations the *Altes Land* between Buxtehude and Stade, not far from Blankenese, has been famed for its orchards. In spring the area is a veritable sea of blossoms and visitors from all of northern Germany come to admire what is then a landscape of myriad red and white petals. The half-timbered houses of the fruit farmers have a character all their own. The bricks between the whitewashed beams are arranged in intricate ornamental patterns (p. 41) and the doors are often beautifully carved. Artistically decorated and splendidly carved gates lead into the various farmsteads. One such gate near *Steinkirchen* is pictured on page 40.

PAGE 42. *Cuxhaven,* situated at the mouth of the Elbe River where it flows into the North Sea, is not only a large, modern summer resort, but an important North Sea port. Shown here is the legendary harbor bullwark, the "Alte Liebe". Today, although it houses the ship registry offices and the radar center, it is nevertheless a popular tourist spot.

PAGE 43. The *Seegebruch* area at the easternmost extremity of Lower Saxony, near the Elbe River, is a landscape of lakes and moors, sands and birches that closely resembles the area of the Brandenburg March on the other side of the river. Center of the area and its numerous forests is the town of Gartow.

PAGE 44/45. The area between the Lüneburg Heath and the Elbe River is known as the Hanoverian Wendland, named for the Wends who were possibly the first to settle here. In actual fact, the villages in this area are distinctly different from others found in Lower Saxony. Arranged in a circle, the gabled fronts of the plain, half-timbered houses face the village square and its small pond, trees and fountain. A lovely example of such a settlement is the village of *Güstritz*.

mière fois en 994, était une ville hanséatique importante rivale de Hambourg, après la Guerre de Trente Ans la capitale du duché suédois Brême. Stade séduit par son patrimoine médiéval à peine diminué. A retenir parmi ses nombreux monuments : l'église paroissiale St. Wilhadi, une église de type halle (14e siècle), l'église St. Cosme et St. Damien (11e siècle), l'hôtel de ville, le musée municipal, le musée préhistorique et la très illustre maison du maire Hintze, ancienne maison patricienne à pans de bois, transformée en édifice baroque 1621 par la façade somptueuse. La maison a été restaurée au 20e siècle.

PAGES 40, 41. Le pays de vergers *Altes Land* aux environs de Buxtehude et de Stade est très fertile, renommé depuis longtemps, pendant le printemps une « mer de fleurs ». Les habitants des grandes villes Hambourg. Brême et de toute l'Allemagne du Nord viennent admirer l'ambiance de printemps et son attrait irrésistible : les fleurs blanches et rouges. Le pays est riche en fermes pittoresques ; typiques les maisons à pans de bois aux briques rouges avec des portes ornées de sculptures sur bois (p. 41). Voilà une somptueuse porte d'une ferme aux environs de *Steinkirchen* (p. 40).

PAGE 42. *Cuxhaven,* remarquablement situé auprès de l'embouchure de l'Elbe dans la mer du Nord, est un bain de mer moderne et surtout un port important. Dans son beau parc on peut admirer les phoques. Voilà la bastion du port « Alte Liebe » (édifiée sur des bateaux coulés bas, dont un se nommait Olivia, ressemblant un peu aux mots plat-allemand : « amour ancienne »), une marque distinctive de la ville, un des buts de visite les plus fréquentés des touristes ; aujourd'hui une centrale de radar et une place, où se présentent les vaisseaux.

PAGE 43. Dans la région du *Seegebruch* (Bas-Saxe orientale non loin de l'Elbe) le paysage ressemble à celui de la Marche de Brandebourg au delà de l'Elbe. La ville Gartow est le milieu du terrain boisé.

PAGES 44/45. Le pays qui s'étend des Landes de Lunebourg à l'Elbe se nomme le « Wendland de Hanovre » – probablement des Vendes venus de l'au – delà de l'Elbe y ont vécu. La forme des villages y est différente des autres communes rurales de la Basse-Saxe. On y trouve des

stritz gelten, das unser Bild zeigt.

SEITE 46: Die Frauenklöster Niedersachsens sind berühmt, zu den wichtigsten gehört *Wienhausen*. Das Bild zeigt die schön gestuften Giebel des Klosters und des Nonnenchors mit seinem Maßwerkfenster. Es sind Backsteinbauten aus der Zeit der Gotik. Im Inneren des Nonnenchors sind Wände und Gewölbe über und über mit lebhaft-bunten Malereien von Szenen der biblischen Geschichte überzogen. Der Marienaltar von 1519 und das „Hl. Grab", ein Schrein mit einer um 1280 entstandenen Christusfigur, fügen sich gut in die farbige Umgebung.

SEITE 47: Der Aufschwung Lüneburgs war der Grund für den Niedergang der im Mittelalter bedeutenden Handelsstadt *Bardowick*. Die Belagerung und schließliche Zerstörung durch Heinrich den Löwen anno 1189 machte sie vollends zum Dorf. Aus alter Zeit erhalten hat sich der sog. Dom, die ehem. Stifts- und heutige Pfarrkirche St. Peter und Paul. Der gedrungene Bau mit dem hohen Dach und den nur wenig höheren spitzen Türmen geht auf das 14. und 15. Jh. zurück. Im Inneren der Kirche verdient neben dem Altar vor allem das kunstvolle Chorgestühl Erwähnung, das drei Lüneburger Meister schufen.

SEITE 48: Die Stadt *Uelzen* am Ostrand der Lüneburger Heide wurde im 2. Weltkrieg schwer zerstört, konnte sich jedoch gut erholen und bietet heute das Bild einer gepflegten niederdeutschen Mittelstadt mit Backstein- und Fachwerkbauten. Das bedeutendste Gebäude der ehem. Hansestadt ist die Marienkirche (Bildmitte) aus dem 13. Jh. Ihr hoher Turm, 1954 in veränderter Form neu errichtet, überragt die ganze Stadt. In einer Nische der Turmhalle steht das Goldene Schiff, ein Kleinod der Kirche, das zum Wahrzeichen der Stadt wurde. Links im Bild die arkadengeschmückte Schmalseite des alten Rathauses, das seine klassizistisch erneuerte Fassade der vielbefahrenen Lüneburger Straße zuwendet.

49, 50: Die Bedeutung der Stadt *Lüneburg* beruht auf dem Salz. Es brachte ihr Wohlstand und hielt die Ratspolitik in ständiger Bewegung. Das Rathaus spiegelt die Geschicke der Stadt. Es besteht aus einem Komplex von mehreren zusammengewachsenen Häusern, die in der Zeit der Gotik und des Barock entstan-

PAGE 46. *Wienhausen* ranks among the most important of Lower Saxony's famous convents. The picture shows the convent's terraced gables and the nuns' choir with its fine tracery window, both brick buildings of the Gothic period. In the interior, walls and arches are covered with frescoes depicting Biblical scenes. The altar of Virgin Mary dates from 1519, and the "Holy Grave" shrine's Christ figure, from the late 13th century. (Equally famous and valuable rugs are kept under lock and key and are only used on special occasions).

PAGE 47. With the rising prosperity of Lüneburg came the fall of *Bardowick* which had been an important commercial town in the Middle Ages. The siege and subsequent destruction of the town by Henry the Lion in 1189 sealed its fate as a provincial village. The so-called Cathedral, once a collegiate church and now the parish church of Sts. Peter and Paul, is a squat building with a high roof and only slightly taller spires which dates from the 14th and 15th centuries. It is one of the few buildings remaining from the town's affluent period. Inside the church, the altar and the choir stall are of note.

PAGE 48. The city of *Uelzen* on the eastern edge of the Lüneburg Heath was heavily damaged in World War II, but has since recovered. Today it is a pleasant city of brick and half-timbered architecture. The former Hanseatic city's most important building is the Church of the Virgin Mary (center) dating from the 13th century. Its spire, rebuilt in 1954, dominates the city skyline. The "Golden Ship" in the church is the city's symbol. To the left of the picture is the renewed façade of the city hall with its arches facing busy Lüneburger Strasse.

PAGES 49, 50. *Lüneburg's* fame and fortune stem from the salt trade. It was long the capital of the dukes of Brunswick-Lüneburg and an important member of the Hanseatic League. Predominantly late Gothic in character, it has several fine churches and a huge city hall. This complex of several adjoining buildings dates from the Gothic and Baroque periods and its richly furnished rooms have sur-

hameaux à plan circulaire, dont les maisons simples à pans de bois bordent la place ronde avec l'étang, le puits et des arbres. Un bel échantillon c'est le village *Güstritz* (image).

PAGE 46. Les couvents de femmes de la Basse-Saxe sont célèbres ; un des plus importants se trouve à *Wienhausen*. Voici les pignons gradués du bâtiment en briques gothique (environs de 1300), exquise décoration intérieure, sommet de la gothique : superbes fresques bibliques, vitraux anciens, précieux retable, statues en bois, peintures, l'autel marial de 1519. Les tapis célèbres (1300–1500) sont exposés chaque année après Pentecôte.

PAGE 47. L'essor de Lunebourg était la cause du déclin de l'ancienne ville *Bardowick,* centre de commerce important au Moyen-Age. Très endommagée en 1189 par Henri le Lion, la ville n'est plus qu'un village. Témoin de l'époque d'épanouissement : l'ancienne église collégiale St. Pierre et St. Paul (nommée cathédrale), aujourd'hui église paroissiale, puissante construction gothique en briques de 1380 avec incorporation de parties romanes de 1220–30, remarquable décoration intérieur (retable sculpté, très illustre maître-autel, sièges du chœur sculptés sur bois de chêne, œuvre de trois maîtres de Lunebourg), clochers elancés.

PAGE 48. La ville *Uelzen* située au bord oriental des Landes de Lunebourg, très endommagée au cours de la dernière guerre mondiale, a été fort bien restaurée. L'ancienne ville hanséatique est caractérisée par son aspect moyenâgeux : maisons à pans de bois et constructions en briques. Voilà l'église paroissiale Notre-Dame (mentionnée la première fois en 1281), endommagée au cours de la dernière guerre mondiale, sa tour (transformation 1954) domine la cité. Une marque distinctive de la ville est le bateau d'or (un surtout de table gothique, cuivre doré, probablement 13 e. siècle, hauteur 62,5 cm.) dans une niche. A gauche de l'image nous voyons les puissantes arcades de l'ancien hôtel de ville (dont la façade néo-classique borde la rue de Lunebourg).

PAGES 49, 50. Le sel (mentionné la première fois en 956) est la ressource principale de la ville *Lunebourg,* ville libre à partir de 1371. Les maîtres sauniers avaient le privilège de former le conseil de la

den. Bis in unsere Zeit haben sich die reich ausgestatteten alten Räume erhalten. Seite 49 zeigt den Aufgang zum Fürstensaal. Das Auge fällt auf die allegorischen Figuren an der Treppe, vor allem aber auf die kostbaren kassettierten und bemalten Holzdecken. Nicht weit vom Rathaus streckt sich die weite Marktstraße „Am Sande", die von schönen, in Backstein aufgeführten Häusern gesäumt ist. Die alten Patrizierhäuser bilden ein offenes Viereck, dessen untere Schmalseite vom schweren, kupfergedeckten und über 100 m hohen Turm von St. Johannis begrenzt ist. Kennzeichnend für diese Straße und für Lüneburg überhaupt sind die stolzen, schön gestuften Giebel (Seite 50), hinter denen sich einstmals die Lager der Handelsfirmen befanden.

SEITE 51: Ein prunkvolles Barockportal ziert die Ostfassade der Residenz von *Wolfenbüttel*. Das Schloß – heute teilweise als Museum genutzt – war ein halbes Jahrtausend lang Sitz der Herzöge von Braunschweig-Lüneburg, und fast jede Generation hatte den Wunsch, durch Umbauten und Erweiterungen sich selbst ein Denkmal zu setzen. Die Stadt hatte freilich nicht nur als politisches Zentrum Bedeutung, vielmehr verdankt sie ihren Regenten auch einen beachtlichen Rang in der kulturellen Sphäre. Berühmt ist die Bibliothek, an der Lessing über ein Jahrzehnt lang wirkte. In Wolfenbüttel entstanden „Emilia Galotti" und „Nathan der Weise".

SEITE 52/53: Die *Lüneburger Heide* ist ein zwischen Aller und Elbe gelegener Landrücken, der mit dem Wilseder Berg 169 m Höhe erreicht. Die Heide ist eines der beliebtesten Erholungsgebiete im norddeutschen Raum. Doch noch immer ist sie gering besiedelt und bietet dem Besucher Stille und Zurückgezogenheit. Sand, Erika, Kiefern und Birken, Weiden und Wacholder, Findlingssteine, Heidschnuckenherden und einsame Gehöfte – das ist es, was die Lüneburger Heide so anziehend macht.

SEITE 54, 55: Die Stadt *Braunschweig*, ein Wirtschafts- und Verwaltungszentrum von Rang, das sich nach den Zerstörungen des 2. Weltkrieges kraftvoll erholt und erneuert hat, kann seine politische und kulturelle Bedeutung auf mittelalterliche Tradition zurückführen. Heinrich der Löwe schloß fünf eigenständige Sied-

vived to the present day. Pictured on page 49 is the stairway to the Fürstensaal (Prince's Hall). The allegorical figures on the staircase and the valuable, painted ceilings are especially interesting. Not far from the city hall is the market street "Am Sande", lined by beautiful brick houses. The stately patrician buildings form an open square bordered by the tall copper-covered spire of St. John's Church. Typical of Lüneburg's streets are the proud, terraced gables (page 50) where trading companies used to have their warehouses.

PAGE 51. For more than 500 years *Wolfenbüttel Palace* was the home of the dukes of Brunswick-Lüneburg. In an effort to immortalize themselves, generation after generation altered or enlarged the palace. An example is the magnificent Baroque portal in the eastern façade. But, thanks to its regents, Wolfenbüttel was not only a political focal point but a cultural center as well. The city's library, where the German philosopher and dramatist Gotthold Ephraim Lessing worked for over a decade, is famous. Lessing wrote his famous "Emilia Galotti" and "Nathan the Wise" in Wolfenbüttel.

PAGE 52/53. The *Lüneburg Heath* is a stretch of land between the Elbe and Aller Rivers whose birch trees and heather, juniper and ancient sheep folds mark the melancholy mood of this largest German heath. A bare 169 meters high, Mt. Wilseder is the highest point in this charming landscape. Although the Lüneburg Heath is one of the most popular excursion spots in northern Germany, one can still find quiet and seclusion, and the area is still barely settled.

PAGES 54, 55. *Brunswick (Braunschweig)* is not only an economic and administrative center which recuperated from the ravages of World War II with surprising vigor but in the Middle Ages it was an important political and cultural center. Henry the Lion joined five separate and independent settlements together to form

ville (apogée au 16e siècle, quand Lunebourg comptait parmi les plus riches villes de l'Allemagne du Nord). L'hôtel de ville, fondé vers de 1200, riche ensemble médiéval, qui renferme de nombreux témoins de toutes époques culturelles à partir du Moyen-Age ; périodes d'épanouissement : gothique et baroque. Voici la montée à la salle des princes (p. 49). Lunebourg s'étale, prospère de part et d'autre de la large voie-marché « Am Sande » (sur un ancien ensablement). Les rangées de maisons patriciennes et d'hôtel particuliers anciens (briques) bordent l'avenante place du Marché, dominée par l'église St. Jean du type halle à cinq nefs (noyau du 12e siècle incorporé, extensions considérables au 13e siècle, retable célèbre). Le clocher de 1406 a 108 mètres de hauteur. L'architecture de Lunebourg est caractérisée par les pignons pittoresques gradués (voir l'illustration p. 50), derrière lesquels se trouvaient les magasins des marchands.

PAGE 51. L'ancienne ville ducale *Wolfenbüttel* (résidence des ducs de Brunswick-Lunebourg) rassemble en surabondance des monuments de la Renaissance : l'église Notre-Dame (Beatae Mariae Virginis) et l'église St. Jean avec son clocher de type campanile. Nombreuses maisons à pans de bois et l'hôtel de ville (construction à pans de bois 1599-1609) créent un ensemble homogène, que protègent ses murailles fortes. Le château somptueux, une grandiose constructions avec ses salles, qui servaient à l'accueil, est le fleuron le plus fin du baroque en Basse-Saxe (aujourd'hui musée). G. E. Lessing y était bibliothécaire de 1770 à 1781, il y écrivait ses drames célèbres « Emilia Galotti » et « Nathan, le sage ».

PAGES 52/53. *Les Landes de Lunebourg* (un paysage pittoresque qui s'étend de l'Elbe au fleuve Aller) compte parmi les buts touristiques les plus fréquentés de l'Allemagne du Nord. Son plus haut mont (Wilseder Berg) a 169 mètres de hauteur. Les sables et graviers couverts de bruyères, de genêts, de pins et de bouleaux, les blocs erratiques, les troupeaux de moutons et les fermes solitaires – voilà le charme et l'attrait irrésistible des Landes de Lunebourg.

PAGES 54/55. Après les destructions de la dernière guerre mondiale la ville *Brunswick* a été fort bien restaurée, centre poli-

lungen zu einer Stadt zusammen. Daraus resultiert eine Vielfalt von frühbürgerlichen Kräften und Rechten, deren Ausstrahlungen bis heute wirksam sind. Kirchen, Rathäuser, Fachwerkbauten – zum Teil hervorragend rekonstruiert – erinnern an jene ferne Vergangenheit und mischen sich mit den Bauten späterer Blütezeiten und der Moderne. Der Blick von oben auf dieses einzigartige Stadtensemble vermittelt einen Eindruck von der Geschlossenheit des alten Gemeinwesens (Seite 54). Der Dom, Burg Dankwarderode und das Rathaus bilden den Mittelpunkt. Der nächtliche Burgplatz mit dem berühmten bronzenen Burglöwen von 1166 (Seite 55) verändert die Perspektive und führt sie auf die immateriellen Hintergründe der Bedeutung dieser Stadt zurück. Die geistige Komponente manifestiert sich u.a. in der 1745 gegründeten Technischen Universität, der ersten in Deutschland, in zahlreichen Forschungsanstalten und großen alten Verlagshäusern.

SEITE 56, 57: Das enge und windungsreiche *Okertal* zählt unstreitig zu den schönsten im ganzen Harz. Der Wanderer kann sich von der das Tal durchziehenden reizvollen Straße lösen und auf verschiedene Weise von Oker aus nach Süden gelangen. Auf Wegen durch das Tal oder auf der Höhe, die ihm nicht zu viel abverlangen, durchstreift er herrliche Waldlandschaften (Seite 56). Wendet er sich in Romkerhalle nach Osten, nach Bad Harzburg, so trifft er bald auf bizarre Felsformationen. Die *Kästeklippe* (Seite 57) bietet einen herrlichen Ausblick. Setzt er jedoch den Weg durch das Okertal fort, findet er den größten Stausee des Harzes: die Okertalsperre mit der gewaltigen Staumauer.

SEITE 58: Keine Stadt ist so sehr das Produkt moderner Ingenieurkunst wie *Wolfsburg*. Hier steht eines der größten und modernsten Industrieunternehmen, das Volkswagenwerk. Unser Bild zeigt eine der Fertigungshallen, wo der „Golf" hergestellt wird.

SEITE 59: Kurz hinter der Grenze Niedersachsens erhebt sich der *Brocken* als höchster Berg des Harzes (1142 m). Vom Goetheweg bei Torfhaus aus (Bild) oder vom Achtermann und anderen hochgelegenen Plätzen aus kann man einen Blick hinüber werfen. Zeigt er sich im Winter

today's Brunswick. Churches, city halls and half-timbered buildings, among them some excellent replicas, recall those bygone times and blend with the buildings of later epochs and the present day. Viewed from above, the city conveys an impression of unity (page 54). The Cathedral, Dankwarderode Castle and the city hall form its center. At night the castle yard with its famous bronze lion from 1166 (page 55) assumes a different perspective. The intellectual spirit of the town manifests itself in the Technical University, founded in 1745 and the first in Germany, in numerous experimental laboratories and as a publishing center.

PAGES 56, 57. The narrow, winding *Oker Valley* is considered one of the most beautiful in the Harz mountains. There is a paved road through the valley and several trails lead away from it into beautiful forest areas (page 56). The *Kästeklippen* are typical of the bizarre granite formations of the area and lie east of Romerkalle in the direction of Bad Harzburg. The largest artificial lake in the Harz is formed by the Oker valley damm.

PAGE 58. *Wolfsburg* is one of the major industrial centres in the south Hanoverian district of Lower Saxony. Our picture shows the Volkswagen factory with the Rabbit model.

PAGE 59. This photograph of the highest point in the Harz mountains, the *Brocken* (1,142 meters), just beyond the borders of Lower Saxony, was taken from the Goetheweg near Torfhaus. In winter the pine forests on its sides and the flat granite summit are covered with frost and snow. Popular legend makes the Blocksberg, as it is called, the meeting place of the Walpurgis Night, or Witch's Sabbath. A scene in Goethe's Faust is laid here and the author himself climbed the mountain in December 1777 and wrote: "The whole world wrapped in clouds and fog, and up here all is light ... "

tique et culturel traditionel, centre du commerce et de l'administration, né de la fusion de cinq communes sous l'impulsion de Henri le Lion. (Le village Brunswick est mentionné en 1031.) La ville hanséatique (1260) rassemblait en surabondance des monuments, dont les plus importants ont été reconstruits : les églises, les hôtels de ville, les maisons patriciennes à pans de bois et le théâtre. La vue á vol d'oiseau nous montre les structures de la cité de Brunswick, combinaison d'architecture ancienne et nouvelle, un ensemble homogène de rues et de venelles (p. 54). Au milieu de la ville nous voyons la cathédrale St. Blaise, fondée en 1173 par Henri le Lion (romano-gothique), le château fort Dankwarderode, né d'un castel d'eau et l'ancien hôtel de ville. Sur la place du château fort nous admirons de célèbre lion de bronze (p. 55), qui nous rappelle l'histoire médiévale. L'université technique, fondée en 1745, était la première de l'Allemagne. La tradition intellectuelle de la ville se fait voir par les instituts de recherches et par les anciennes maison d'édition.

PAGES 56/57. La vallée sinueuse de la rivière Oker compte parmi les plus pittoresques de la montagne Harz. Le voyageur peut aller sur des chemins agréables parmi les forêts, cadre et atmosphère romantique (p. 56). S'en allant vers Bad Harzburg, il trouve près de Romkerhalle des rocs bizarres, à signaler particulièrement l'écueil *Kästeklippe* (p. 57), où l'on a une magnifique vue panoramique sur la vallée et sur le bassin du barrage « Okertalsperre », le plus grand du Harz, refoulant l'eau de l'Oker.

PAGE 58. *Wolfsburg* est un des grands centres industriels de Basse-Saxe dans la région située au sud de Hanovre. Notre photo : Usines Volkswagen.

PAGE 59. Non loin de la frontière de la Basse-Saxe jaillit le *Brocken,* le plus haut mont du Harz (1142 mètres de hauteur). De la maison Torfhaus (image) ou bien du mont Achtermann on a une magnifique vue panoramique sur la montagne jusqu'au Brocken, couvert de neige en hiver. En été on regarde une forêt de conifères montant à la cime grise ; c'est le paysage caractéristique du Harz. On dit, le Brocken est la salle de dances des sorcières, qui y viennent dans la nuit de Walpurgis au moyen des balais.

ganz in Reif und Schnee, so erkennt man im Sommer, daß Nadelwald sich weit hinaufzieht, den oben eine flache graue Felskuppe krönt. Der Brocken, echte schöne Harzlandschaft, ist aber auch der Blocksberg der deutschen Sage, den in der Walpurgisnacht die Hexen auf ihren Besen überfliegen.

SEITE 60/61: *Hildesheim* – die Stadt wurde in den letzten Tagen des 2. Weltkrieges furchtbar getroffen, die Fachwerkaltstadt sank weitgehend in Trümmer. Was aber erhalten blieb oder rekonstruiert und restauriert werden konnte und was vor allem den Ruhm der alten Bischofsstadt ausmacht – die mittelalterlichen Kirchen – präsentiert sich heute wieder in der alten Pracht – neben dem Dom, neben St. Godehard, St. Mauritius und anderen vor allem St. Michael, die gewaltige romanische Gottesburg (Bild). 1007 wurde der Bau unter Bischof Bernward begonnen, 1010 der Grundstein gelegt. Die Weihe erfolgte 1033. Die dreischiffige Basilika hat zwei Chöre, zwei Querschiffe mit abschließenden schlanken Treppentürmen und zwei kraftvolle Vierungstürme. Im Kircheninneren ist die farbenprächtig bemalte flache Holzdecke, die den Stammbaum Christi darstellt, ein einzigartiges Kunstwerk.

SEITE 62: Im ehemaligen Bergrevier *Hahnenklee* im Harz unweit Goslar wurde einst Silber gefördert, auch Blei. Heute hat sich daraus ein Kurort von Rang entwickelt. Eine besondere Sehenswürdigkeit ist die ganz im Grünen gelegene Nordische Stabkirche, die weit über den Harz hinaus als „Hochzeitskirche" bekannt ist. Die Bauweise entspricht der mittelalterlicher norwegischer Holzkirchen.

SEITE 63: Unter vielen alten Schätzen und Bauwerken in der tausendjährigen Kaiserstadt *Goslar* nimmt der sog. Huldigungssaal, der Sitzungssaal des Goslarer Rats im ausgehenden Mittelalter, einen besonderen Rang ein. Decke und Wände sind kostbar verziert mit geschnitzten und gemalten Figuren, umrahmt vom reichen Schmuckwerk der Spätgotik. Das Bild zeigt einen Ausschnitt aus einer der Wände. Die Schöpfer dieser Kunstwerke sind nicht bekannt, man nimmt aber an, daß der Raum eine Stiftung des um 1500 amtierenden Bürgermeisters Papen ist. Mit Recht wird der Saal zu den schönsten

PAGE 60/61. In the last days of World War II *Hildesheim* suffered heavy damage and its old city center and the half-timbered houses were almost totally destroyed. However, a few of the buildings such as the Cathedral, the Church of St. Godehard, the Church of St. Mauritius and especially the Church of St. Michael, a vast Romanesque structure, which were the fame of this old bishopric, were restored and reconstructed. St. Michael was begun in 1007 under Bishop Bernward, the foundation stone laid in 1010 and consecrated in 1033. The photo shows the three-naved basilica which has two choirs and two transepts bordered by slender towers and two strong towers at the crossing. The painted wooden ceiling, depicting scenes from the life of Christ, is a singular work of art. Interesting secular architecture is represented by the Gothic city hall and its Roland Fountain.

PAGE 62. Silver and lead were once mined in the district of *Hahnenklee* in the Harz mountains, not far from Goslar. Today it is a popular resort area and one of its chief attractions is the nordic Stave Church which is known far beyond the Harz as the "wedding church". It closely resembles the Norwegian wooden churches from the Middle Ages.

PAGE 63. Nestled in the most beautiful country of the Harz region, *Goslar* was long a member of the Hanseatic League and a free imperial city until 1802. Among its many well-preserved treasures the "Huldigungssaal", an assembly hall of the Goslar town council, is perhaps among the most interesting. It dates from the end of the Middle Ages and walls and ceilings inside the hall are covered with carved and painted figures framed by rich ornamentation from the late Gothic period. A section of one wall is pictured here. The creator of this work is unknown but one suspects that the hall was a donation of Mayor Papen in 1500. The hall ranks among the most important and beautiful examples of secular interior architecture of that period in Germany.

PAGES 60/61. *Hildesheim,* très endommagé au cours de la dernière guerre mondiale, la cité médiévale avec ses maisons à pans de bois ayant été brûlée, présente aujourd'hui un aspect moderne. Quelques monuments ont été reconstruits : l'hôtel de ville, la maison du Temple et les églises romanes. Mondialement célèbre le musée Roemer-Pelizaeus (art égyptien). La cathédrale romane Notre-Dame renferme des objets d'art précieux (portes de bronze, trésor). L'église St. Godehard, édifiée 1133–1172, variation d'un modèle français, a des chapiteaux richement ornées. L'église romane St. Maurice, décoration intérieure baroque de haute valeur artistique, renferme le sarcophage de St. Michel, fondé par l'évêque Bernward (en 1007 ; bâtie de 1010–1033) a été fort bien resonstruit. La basilique a un plafond de bois peint (arbre généalogique du Christ), clôture du chœur richement ornée (12e siècle).

PAGE 62. Dans les anciennes mines de *Hahnenklee* (Harz) non loin de Goslar on a exploité l'argent et le plomb. Aujourd'hui la ville est une belle station climatique au milieu de la verdure. A signaler particulièrement l'ancienne église de type norvégien, très célèbre église de mariage.

PAGE 63. *Goslar,* ville libre impériale (1340), profitait d'un gisement d'argent découvert en 968. Très célèbre est le palais impérial en grande partie de l'époque de l'empereur Henri III (1017–56), fréquentes transformations et restaurations, apports ultérieurs. L'hôtel de ville nous montre la puissance de la bourgeoisie médiévale, au centre de la salle gothique des conseillers municipals richement ornée des fresques et des sculptures sur bois, fondation du maire Papen des environs de 1500. La salle combinant de manière harmonieuse la sculpture sur bois et la peinture est une des plus grandioses constructions de ce genre en Basse-Saxe.

PAGE 64. La marque distinctive de la place du Marché de *Göttingen* est la Fontaine de la Lisette aux oies (des environs de 1900). La ville a pris naissance à l'intersection de voies anciennes de circulation (Hellweg et route royale). A retenir parmi ses nombreux monuments : l'hôtel de ville (1366–1403), témoin de l'époque de la Hanse (à gauche de l'image). En 1737 l'électeur George Auguste de Hanovre fonda l'université renommée, à signaler par-

Beispielen einer profanen Innenausstattung dieser Zeit in Deutschland gerechnet.

SEITE 64: Blickfang des Marktplatzes von *Göttingen* ist der reizende Gänselieselbrunnen aus der Zeit um 1900. Aber der Ruhm der Stadt ist älter und realer. Davon zeugen mehrere alte Kirchen, davon zeugt vor allem das Rathaus, das in der Zeit der Zugehörigkeit der Stadt zur Hanse errichtet wurde und dem Markt einen würdigen Hintergrund bietet (links im Bild). Später gewann Göttingen neuen Glanz durch die 1737 gegründete Universität, die seitdem ein Forum großer Gelehrsamkeit ist und an der zahlreiche weltbekannte Gelehrte namentlich der Mathematik und der Physik von Georg Christoph Lichtenberg über Karl Friedrich Gauß zu Max Planck forschten und lehrten.

SEITE 65: *Osterode* ist eine behagliche kleine Stadt am Südwestrand des Naturparks Harz. Fachwerkbauten aus vier Jahrhunderten charakterisieren sie. Im Zentrum der Stadt befindet sich der Kornmarkt, der beherrscht wird von der St. Aegidien-Marktkirche. Von den benachbarten bürgerlichen Bauten seien hervorgehoben das Rinnesche Haus von 1610 mit dem Wappen des Erbauers, die Ratsapotheke aus der gleichen Zeit und vor allem das schöne alte Rathaus mit seinem Erkertürmchen. Das älteste Fachwerkhaus ist die Ratswaage, die zugleich Fest- und Hochzeitshaus der Stadt ist.

SEITE 66: Wo Werra und Fulda sich zur Weser vereinigen, liegt von großen Waldgebirgen umgeben die romantische kleine Stadt *Hann. Münden.* Ihr Herz ist die historische, fachwerkbunte Altstadt mit Blasiuskirche, Rathaus und Welfenschloß. Nur selten noch findet sich ein derart geschlossenes, mittelalterlich anmutendes Stadtbild. Seite 66 zeigt einen Blick in die Altstadt.

SEITE 67: Die kleine Stadt *Duderstadt* inmitten der fruchtbaren Goldenen Mark auf dem Eichsfeld, nahe dem Harz, wirkt wie die sprichwörtliche Stadt aus dem Bilderbuch. 450 erhaltene Fachwerkbauten, die beiden Kirchen St. Cyriakus und St. Servatius, vor allem das wunderschöne Rathaus könnten dem Besucher vortäuschen, in einer anderen Zeit zu leben. Auch die alte Stadtbefestigung ist weitgehend erhalten, im Bild das dazugehörige

PAGE 64. The lovely "Gänseliesel" fountain in the market square of *Göttingen* dates from around 1900. The city, however, is considerably older, and several old churches and the city hall erected during the time when the city was a member of the Hanseatic League, testify to this. The university, founded in 1737, brought Göttingen new fame and drew, and still draws, scholars of world renown such as Georg Christoph Lichtenberg, Karl Friedrich Gauss and Max Planck.

PAGE 65. Quaint half-timbered houses spanning four centuries are typical of *Osterode*, a pleasant little town on the southwestern edge of the Harz nature preserve. In the center of the city is the old grain market and the market church of St. Aegidien. The neighboring "Rinnesche Haus", with the crest of its builder affixed to the façade, as well as the old pharmacy date from 1610. The city hall with its little turrets is also interesting and the "Ratswaage", the communal scales, which was meticulously reconstructed after a fire a few years ago, is the town's oldest half-timbered house.

PAGE 66. Surrounded by forests and mountains the small, romantic town of *Hannoversch Münden* lies at the point where the Werra and Fulda rivers joint to form the Weser River. The city's heart are the many half-timbered houses, the Church of St. Blasius, the city hall and the Welfen Palace. It is one of the few almost entirely preserved city centers of the Middle Ages. The town is pictured on page 66.

PAGE 67. The small town of *Duderstadt*, in the fertile Golden March region near the Harz mountains, looks like a picture book town. Its 450 half-timbered houses, the churches of St. Cyriakus and St. Servatius and especially the beautiful city hall give the visitor the impression of having traveled back in time. The city's fortification wall, also well preserved, with its Westertor Gate (photo) and slate-roofed tower, have become the town's landmark. (In the foreground is a sandstone figure of the Virgin Mary dating from 1752.)

ticulièrement parmi les membres du corps enseignant : les mathématiciens et physiciens Abraham Gotthelf Kästner, Georg Christoph Lichtenberg, Karl Friedrich Gauß et Max Planck, de plus les frères Grimm et les frères Humboldt.

PAGE 65. *Osterode,* une petite ville confortable au bord du territoire de protection de la nature du Harz, a pris naissance au carrefour de Goslar à la vallée de la Leine. La cité médiévale ayant été brûlée en 1545, les pittoresques maisons à pans de bois reflètent l'aisance de la ville de cette époque jusqu'à la Guerre de Trente Ans. Au milieu de la ville se trouve le marché au blé, dominé par l'église St. Egide et par l'hôtel de ville. A retenir parmi les nombreux monuments : les maisons patriciennes voisines (maison Rinne de 1610 avec le blason du fondateur), le magasin de blé, la pharmacie municipale et la plus vieille maison à pans de bois de la balance municipale (maison de fête de la ville).

PAGE 66. Au confluent de la Werra et de la Fulda, *Hannoversch Münden* est joliment situé devant un décor de montagnes couvertes de forêts. Au milieu de la cité se trouvent l'église St. Blaise (12e-15e siècle), l'hôtel de ville (première moitié du 17e siècle) et le château des Guelfes (aujourd'hui musée municipal) et maintes vieilles et pittoresques maisons à pans de bois. On trouve peu de villes allemandes aussi bien conservées dans leur forme médiévale originale. Voilà une vue de la cité.

PAGE 67. La petite ville *Duderstadt* au milieu de la Marche Dorée féconde (Eichsfeld) non loin du Harz est caractérisée par l'état de conservation de son aspect moyenâgaux, nombreuses maisons anciennes à pans de bois, les églises St. Cyriace (édifiée de 1394 jusqu'à la première moitié du 16e siècle, intérieurs gothiques et baroques) et St. Servaise, l'hôtel de ville (13e siècle, extensions considérables aux 15e et 16e siècles) et l'enceinte de la ville créent un ensemble homogène, cadre et atmosphère romantiques. Nous voyons la tour-bastion « Westertor » (« porte occidentale »), dont la coupole tortueuse est une marque distinctive de la ville.

Westertor, dessen schraubenartig gedrehter, schiefergedeckter Turm das Wahrzeichen der Stadt ist. Im Vordergrund eine Marienfigur aus Sandstein von 1752.

SEITE 68: Wenn die Weser auf ihrem langen, gewundenen Weg zwischen den Mittelgebirgen Höxter links und Holzminden rechts hinter sich gelassen hat und allmählich weniger hohen Landstrichen zustrebt, erreicht sie kurz vor der Münchhausenstadt Bodenwerder den kleinen Ort *Dölme*. Das Bild zeigt eine der vielen Weserschleifen in der Nachbarschaft des Dorfes.

SEITE 69: Schloß *Hämelschenburg* ist ein Schmuckstück der Weserrenaissance. Das prächtige Portal mit Wappen und Namen des Erbauers führt über die Brücke in den offenen Hof der mächtigen Dreiflügelanlage mit zahlreichen reichverzierten Giebeln und zwei Treppentürmen. Das Schloß ist seit mehr als 500 Jahren im Besitz der gleichen Adelsfamilie. Bauherr war Jürgen von Klencke (†1609).

SEITE 70: Das Niedersächsische Staatsbad *Pyrmont*, dessen Kurpark unser Bild zeigt, verdankt seinen Ruf und seinen Rang sowohl seinen verschiedenen Heilquellen als auch der geschützten Lage im Tal der Emmer, einem Nebenfluß der Weser. Pyrmont ist ein bereits in prähistorischer Zeit besiedelter Platz, dessen Heilqualitäten seit der Antike bekannt waren. Den Aufstieg des heutigen Bades begründete Fürst Georg Friedrich von Waldeck. Er ließ 1668 Brunnenhaus und Hauptallee anlegen. Pyrmont wurde damals zum europäischen Modebad. Sehenswert ist das Schloß der Waldeckschen Herren, das anstelle einer älteren Wasserburg Anfang des 18. Jh. erbaut wurde.

SEITE 71: *Bückeburg* hat ganz den Charakter der ehemaligen Residenz. Es lebte von und mit seinen Fürsten – der Hof war wirtschaftliche Grundlage, die Fürsten lenkten die Geschicke der Stadt. Wichtige Bauten der Stadt gehen auf fürstliche Intentionen zurück. Das Schloß (Bild) ist die bedeutendste profane Architektur. Es hat sein Profil Fürst Ernst von Schaumburg (1601-22) zu verdanken, einem kunstsinnigen und weitgereisten Mann von großer Bildung. Die heutige Fassade allerdings ist ein Werk des 19. Jh., das den alten Bergfried mit einbezog. Die Bronzefiguren auf der Brücke sind

PAGE 68. The Weser River winds through the low mountain ranges of central Germany, past the towns of Höxter on the left and Holzminden on the right, and passes the small village of *Dölme* on its way. The photo shows one of the numerous bends of the Weser in the vicinity of the village.

PAGE 69. *Hämelschenburg* Palace is a gem of Renaissance architecture particular to the Weser region. A bridge leads through the portal which bears the crests of the palace's builders into the open courtyard of this massive three-winged complex with its ornamental gables and two stairwells. In posession of one noble family for more than 500 years, it was built by Jürgen von Klencke who died in 1609.

PAGE 70. This shot was taken in the park of *Pyrmont*, Lower Saxony's state spa. Centuries old, it has mineral springs and mud baths and lies in the protected Emmer valley. It was a settlement in prehistoric times and renowned for its curative waters in Roman days. Prince Georg Friedrich von Waldeck had the Well House and the main avenue built in 1668 and Pyrmont soon became one of Europe's more fashionable watering spots. Ornamental gables decorate the palace of the Waldeck family which was built in the 18th century on the site of an older moated castle.

PAGE 71. *Bückeburg* has retained the character of the Prince's residence it once was. The princes built most of the important buildings in towns such as the palace (photo), the most important secular building built by Prince Ernst von Schaumburg (1601-22), a widely travelled and well-educated man. The façade, as we see it today, however, is a work of the 19th century which incorporates remnants of the old keep. The bronze figures on the bridges are copies of sculptures made in 1620 by Adrian de Vries.

PAGE 68. En serpentant à travers les massifs, en passant par Höxter et Holzminden, la Weser arrive au petit endroit *Dölme*, non loin de la ville du « baron menteur » Bodenwerder. Nous voyons une des boucles pittoresques de la Weser aux environs du village.

PAGE 69. Le château Hämelschenburg (dans la vallée de l'Emmer) est un bel échantillon de la Renaissance de la Weser, fondé en 1588, édifié sous l'impulsion de Jürgen von Klemcke († 1609) à plan d'un fer à cheval (construction à trois ailes). L'aile méridionale richement décorée est la plus intéressante. On arrive à la cour en passant sur un pont et par une porte fastueuse ornée du blason de la famille v. Klemcke, qui possède encore aujourd'hui le château.

PAGE 70. *Bad Pyrmont* est une station de bain renommée, dont nous voyons le beau parc (image). La ville d'eaux, produit de l'antique terroir culturel qu'est la douce vallée de l'Emmer, affluent de la Weser, est joliment situé dans un paysage pittoresque. Les sources guérissantes connues depuis l'antiquité sont le trésor de la ville dès le temps de Frédéric von Waldeck, sous l'impulsion duquel la maison des eaux minérales fut bâtie (1668). Le château des princes Waldeck édifié sur l'emplacement d'un castel d'eau (première moitié du 18e siècle) est une marque distinctive de la ville.

PAGE 71. *Bückeburg* est une ancienne résidence des princes de Schaumburg, chargée d'histoire. Le château (1560-63, à partir d'un castel d'eau fondé par Adolf von Schaumburg des environs de 1300, transformations 1370-1404) a quatre ailes, qui entourent une cour rectangulaire. La porte fastueuse et la façade magistrale sont des monuments de l'époque baroque, créés sous l'impulsion du prince Ernst von Schaumburg (1601–1622), apports ultérieurs englobant le beffroi (19e siècle). Les statues de bronze sont des copies des œuvres du maître Adriaen de Vries, créées en 1620).

Kopien von Skulpturen, die 1620 von Adriaen de Vries geschaffen wurden.

SEITE 72: Der Kern der Stadt *Nienburg* an der Weser schart sich um den spätgotischen Backsteinbau der Martinskirche aus dem 15. Jh., deren 72 m hoher Turm freilich noch keine 100 Jahre alt ist. Von gleich ehrwürdigem Alter ist das unmittelbar benachbarte Rathaus, das zu den schönsten der vielen wertvollen bürgerlichen Häuser der Stadt gehört. Das Bild zeigt die Einbindung der Stadt in die Weserlandschaft. Mit dem jenseitigen Ufer ist Nienburg durch eine stählerne Brücke verbunden, die seit 1950 anstelle mehrerer Vorgängerbauten den Fluß überwölbt.

SEITE 73: *Hameln,* die schöne Stadt an der Weser, ist weithin bekannt als die „Rattenfängerstadt". Dieser Ruf geht auf ein Ereignis von anno 1284 zurück. Aber Hameln ist mehr als eine Märchenstadt, Hameln ist aufgeschlossen und lebendig – und stolz darauf, viel Altes bewahrt zu haben. Wo gibt es sonst eine so prächtige Straße wie die Osterstraße mit den erstaunlich gut erhaltenen (und kunstvoll renovierten) Renaissancebauten. Das Bild zeigt links neben der Marktkirche St. Nicolai das berühmte „Hochzeitshaus" mit den schönen Giebeln (1610-17), rechts das Stiftsherrenhaus (1558) und das Leisthaus (1589), die gemeinsam dem völlig neu konzipierten Museum eine Heimat bieten.

SEITE 74: Das *Teufelsmoor* nördlich von Bremen ist eines der zahlreichen Moore, die für die niederdeutsche Landschaft kennzeichnend sind. Der Untergrund des flachen Landes zwischen Ems und Elbe, das auch 100 km landeinwärts kaum mehr als 40 m Höhe erreicht, hat die Entstehung von Mooren begünstigt, die zum ganz allmählichen Wachsen einer mehr oder minder mächtigen Torfschicht geführt haben. Nahe dem Teufelsmoor liegt Worpswede, jene einzigartige Ansiedlung von Künstlern im späten 19. und im 20. Jh., die der herben Schönheit der Moorlandschaft künstlerischen Ausdruck verliehen.

SEITE 75: Ein Blick über das Wasser zeigt *Verden* an der Aller in ganzer Schönheit. Der mächtige, fast tausendjährige Dom mit dem riesigen Kupferdach überragt das Dächergewirr der Stadt. Es sind alte, ehrwürdige Kirchen und Fachwerkhäuser

PAGE 72. The heart of *Nienburg* on the Weser River clusters around the late Gothic St. Martin's Church which dates from the 15th century, though its 72-meter-high tower is less than a hundred years old. The adjacent city hall, also a 15th-century building, is one of the town's most beautiful secular buildings. The picture shows the city and the landscape of the Weser River. A steel bridge was built in 1950 and connects Nienburg with the other river bank.

PAGE 73. *Hameln* is a beautiful city on the Weser River famed as the scene of the legend of the Pied Piper of Hameln. But it is more than the scene of a fairy tale. It is a lively city, proud of its history. Where else could one find a street such as the Oster Strasse with its remarkably well-preserved Renaissance buildings? The photograph is of the Market Church of St. Nicolaus, to the left the famous "Wedding House" with its beautiful gables dating from 1610-17 as well as the Stiftsherrenhaus (1558) and the Leisthaus, which now houses a modern museum, to the right.

PAGE 74. The *Teufelsmoor,* north of Bremen, is one of the numerous moors that are typical of this area. The moors on the flatlands between the Ems and Elbe rivers are covered with a layer of peat and hardly exceed 40 meters in height. Near the Teufelsmoor is Worpswede, a famous artists colony since the 19th century.

PAGE 75. *Verden* on the Aller River with its 1000-year-old cathedral, whose copper-topped spire towers above a jumble of roofs, is a city of old churches, half-timbered houses and ruined city fortifications. The German Horse Museum is located here and twice annually a horse

PAGE 72. Encore discernable, bien que recouvert par les apports ultérieurs, le noyau médiéval de la ville *Nienburg* entoure l'église du type halle St. Martin (gothique tardif, briques) du 15e siècle (dont le clocher du 19e siècle a une hauteur de 72 mètres). L'hôtel de ville voisin est un bel échantillon de la Renaissance de la Weser (1582–89). La ville est pittoresquement blottie dans le paysage de la Weser. Un pont de fer joint Nienburg depuis 1950 avec l'autre rive de la Weser.

PAGE 73. *Hameln,* une pittoresque ville moyenâgeuse sur la rive droite de la Weser se développait des environs de 1200 sur l'emplacement d'une abbaye du 8e. siècle. On appelle Hameln la « ville du preneur des rats » à cause d'un évènement de l'année 1284. Mais Hameln ne s'entoure pas seulement de la magique atmosphère des contes, c'est une ville moderne, qui a conservé l'atmosphère médiévale. La rue Osterstrasse est le centre de la ville, on y trouve beaucoup de maisons patriciennes. Nous voyons à gauche de l'église du Marché St. Nicolai (romano-gothique, restaurée après la seconde guerre mondiale) la « maison des noces » avec son bel pignon (1610–17), à droite la maison des chanoines (1558) et la maison Leist (1589), aujourd'hui musée folklorique.

PAGE 74. Le *Marais du Diable* (Teufelsmoor) au nord de Brême est un des marécages typiques de l'Allemagne du Nord résultant de l'accroissement du terrain tourbeux dans la vaste plaine de la dépression centrale (hauteur maximum à peu près 40 mètres). Non loin du Marais du Diable se trouve la colonie des artistes de Worpswede dans un site pittoresque (deuxième moitié du 19e siècle et début du 20e siècle).

PAGE 75. *Verden* sur l'Aller est une vieille ville pittoresque, dominée par la cathédrale Notre-Dame (bâtie de 1185 à 1490) sur l'emplacement de deux églises édifiés en bois du 8e et du 10e siècle ; une spécialité : son toit de cuivre ; d'autres églises anciennes : l'église St. André (1213–20) et l'ègle St. Jean (12e siècle). L'enceinte médiévale et la formidable tour-bastion défendent les maisons anciennes à

mit reichen Schnitzereien, Turm und Mauerreste der ehemaligen Stadtbefestigung, das Deutsche Pferdemuseum – denn Verden ist die Stadt der Pferde und Reiter. Zweimal jährlich trifft sich anläßlich der Reitpferdversteigerungen alles in Verden, was Rang und Namen in der Welt der Pferde hat.

SEITE 76 bis 79: Das Land Bremen mit der alten Hansestadt als Regierungssitz und der jungen Stadt Bremerhaven als seenahem Vorposten gehört nicht zu Niedersachsen. Es ist jedoch von diesem großen Land rings umschlossen, somit mag es berechtigt sein, in einen Bildband über Niedersachsen auch Bremen einzubeziehen.

Bremen liegt 70 km landeinwärts an der Unterweser. Im Jahr 787 erhob Karl der Große die damals schon alte Siedlung zum Bischofssitz. Bremen gedieh zu einer mächtigen Stadt mit Handels- und Schiffahrtsbeziehungen zu allen Ländern der damals bekannten Welt. Es wurde Hansestadt und Freie Reichsstadt. In neuer Zeit weitete die Stadt ihre Kapazitäten auf große Industrieunternehmungen der verschiedensten Branchen aus.

In der Mitte des von Wall und Graben umgebenen Altstadtkerns liegt der Marktplatz mit dem Roland (Seite 77), dem mächtigen Sinnbild des Selbstbewußtseins der Bremer Bürgerschaft. Er entstand an der Stelle einer älteren Rolandsfigur im Jahr 1404 und ist mit Sokkel und Baldachin an die 10 m hoch. Sein Gesicht ist dem mächtigen Dom zugewandt (Seite 76), der sein frühgotisches Gepräge im 13. Jh. erhielt, wenngleich auch die folgenden Jahrhunderte ihren Anteil am heutigen Erscheinungsbild des Petri-Doms haben. Die steilen Turmhelme stammen sogar erst aus dem späten 19. Jh. Links vom Dom das Rathaus; es wurde zur gleichen Zeit errichtet, in der auch der Roland entstand, die weltberühmte Fassade ist jedoch 200 Jahre jünger. Dem Rathaus gegenüber das Haus der Bürgerschaft aus den 60er Jahren, das sich mit modernen Konturen glücklich in die alte gewachsene Umgebung einfügt. Bremen bietet dem Besucher viele Stätten an, die nicht nur von unternehmerischem Handelsgeist und bedächtiger Tüchtigkeit zeugen, sondern auch von alteingesessener und bodenständiger Kultur. Erwähnt sei nur die Böttcherstraße, auch das reiz-

auction draws top professionals from the field. (Near the city, Charlemagne held trial over 450 heathen Saxons in what is called the Saxenhain.)

PAGES 76-79. Although Bremen and Bremerhaven are not part of Lower Saxony, they are totally encircled by it and it is thus justifiable to include them in a book about Lower Saxony. *Bremen* lies 70 kilometers inland on the Unterweser River. In 787 Charlemagne made the settlement a bishopric. Bremen became a large and mighty city with trade and shipping relations with all of the known world. It became a member of the Hanseatic League and an imperial free city. More recently the city has diversified and is an industrial and commercial center of Germany. The center of the city is the Old Town and its market square and the statue of Roland (p. 77), a symbol of the city's freedom, erected in 1404. Roland faces the mighty Petri Cathedral (p. 76) dating from the 13th century. Many alterations over the centuries have changed the face of the Cathedral. The spires date from the 19th century. Left of it is the city hall which was also built in the 15th century, although its world-famous façade was added some 200 years later. Opposite the city hall is the "Haus der Bürgerschaft" – parliament – which blends nicely with the old buildings although it was built in the 1960's.

Bremen's sights testify not only to the enterprising mercantile spirit of the town, but also to its wealth of culture, such as the Böttcher Strasse or the Schnoor district, to mention but a few. There are several excellent museums and recently a university was founded in the Horn district (photo page 79).

Bremen's harbors are equally important. Among them are the Überseehafen (Overseas Port), the Europahafen (European Port, p. 78) and the Neustädter Hafen with its container terminal and a number of others.

pans de bois et à briques. Le musée du hippisme est une spécialité de cette ville de cavaliers, où il y a chaque année une foire aux chevaux et où les amis de l'équitation se donnent rendez-vous.

PAGES 76–79. L'ancienne ville hanséatique de Brême et son avant-port Bremerhaven ne font pas partie de la Basse-Saxe, qui entoure cet Etat, à cause de cela il est compris dans ce livre. *Brême* se trouve 70 km. en amont de l'embouchure de la Weser. En 787 Charlemagne fonda l'évêché de Brême dans un site ancien. Des évêques célèbres étaient Ansgar, l'apôtre du Nord et Adalbert (11e siècle), qui voulait faire de Brême une « Rome du Nord ». La ville hanséatique vivant traditionnellement du commerce est aujourd'hui aussi un centre industriel. Au milieu de la cité sur la place du Marché se trouve la statue de Roland (p. 77), symbole de la liberté des bourgeois de Brême, qui y est installée en 1404 sur l'emplacement d'une statue sculptée sur bois, (10 mètres de hauteur), regardant la puissante cathédrale gothique St. Pierre (p. 76 – fondée 1042, èdifiée jusqu'au 13e siècle ; remaniments et extensions 14e et 15e siècle, décoration intérieure : statues de Charlemagne, des chevaliers et des chanoines de 1518). A gauche de la cathédrale l'hôtel de ville gothique, édifié en 1405–10, sa façade mondialement célèbre est installée 200 années plus tard (1608–12). Les statues des sept électeurs, de Charlemagne et des sages sont des maîtres d'œuvre de l'école de Parler (des environs de 1410). Vis-à-vis de l'hôtel de ville se trouve la nouvelle maison de la bourgeoisie, adaptée aux anciennes maison voisines (la maison Schütte 1536–38). Brême n'est pas seulement une ville assidue du commerce mais aussi un centre culturel et artistique traditionel. Nous pensons au quartier Schnoor avec des maisons pittoresques, à la rue Böttcher, où Ludwig Roselius était le Mécène des artistes moder-

volle Schnoorviertel soll angesprochen sein. Eine Reihe von Museen haben hohen Rang. In jüngster Zeit ist draußen in Horn die Universität entstanden (Seite 79), die zu ihrem Teil dazu beiträgt, den Ruf Bremens als einer Stadt lebendigen Geistes in die Welt zu tragen.

Daß zum Bild der Stadt Bremen ihre Häfen gehören, darunter Überseehafen, Europahafen (Seite 78), Neustädter Hafen mit Container Terminal und ein Dutzend andere, ist eine pure Selbstverständlichkeit, die aber trotzdem hier angeführt sei.

Von ihren Häfen ist auch die Stadt *Bremerhaven* (Seite 80) geprägt. Sie ist ein bedeutender Passagier- und Auswandererhafen und besitzt den größten Fischereihafen Europas, wo auch regelmäßige Fischauktionen abgehalten werden. Vor dem Columbus-Bahnhof erstreckt sich 1250 m lang die Columbus-Kaje, wenig weiter die Nordschleuse und der Container Terminal. Nahe dem Alten Hafen befinden sich das vielbesuchte Schiffahrtsmuseum und der 116 m hohe Radarturm.

SEITE 81: Die wenig mehr als hundertjährige Stadt *Wilhelmshaven* lebt von ihrem Hafen, der in der Zeit nach dem Krieg besondere Bedeutung als Ölhafen gewann. Der Ölhafen und die Kopfstation der Rohölfernleitungen liegen am Rand der Stadt am westlichen Ufer der Jade, 25 Meilen von der offenen See entfernt. Das Fahrwasser wird laufend dem Stand der Schiffsgrößen angepaßt. Heute können Tanker bis zu 250 000 t vollbeladen den Ölhafen anlaufen. Die Tankerlöschbrücke (Bild) hat eine Länge von 1200 m und liegt parallel zum Fahrwasser und zur Strömung in 700 m Abstand zum Festland, mit dem sie durch eine Zufahrtsbrücke verbunden ist.

SEITE 82: *Jever*, die Friesenstadt im Grünen, erfreut sich einer bewegten Vergangenheit und einer lebendigen Gegenwart. Auf Schritt und Tritt begegnen dem Besucher Sehenswürdigkeiten wie zum Beispiel das Renaissance-Rathaus oder das Grabmal des berühmten Friesenhäuptlings Edo Wiemken (†1511). Dessen Tochter, das „Fräulein Maria", führte Jever zu höchster Blüte. Sie war es auch, die das Schloß um wesentliche Glanzpunkte bereicherte. Heute hat das Schloß (Bild), dessen Turm seine barocke Haube seit

PAGE 80. *Bremerhaven* is also a city characterised by its harbors. It is an important passenger port and also Europe's largest fishing port where fish auctions are held regularly. In front of the Colombus Railway Station is the Colombus Pier and, farther along, the North Locks and the container terminal. Near the popular "Old Port" is the Maritime Museum and the 116-meter-high radar tower.

PAGE 81. *Wilhelmshaven,* barely more than one hundred years old, lives off its harbor. In the postwar period it was especially important as an oil port. The harbor and the crude oil pipeline lie at the edge of the city on the west bank of the Jade River, 25 miles from the open sea. The channel is continually being adapted to the size of modern tankers and today it can accommodate a fully loaded 250,000-ton tanker. The tanker fire extinguishing bridge is 1,200 meters long and lies parallel to the channel, 700 meters from the shore with which it is connected by a bridge.

PAGE 82. The Frisian city of *Jever* is proud of its lively history. There are many interesting sights such as the Renaissance city hall and the tomb of the Frisian chieftain Edo Wiemkin (1511). The chieftain's daughter, "Fräulein Maria" carried Jever to new heights. Among other things she greatly enriched the palace which today serves as a museum of the Jever area (photo). The palace's Baroque tower dates from 1736.

nes. On connaît les musées Kunsthalle, Focke-Museum et Übersee-Museum. Brême est aujourd'hui aussi siège d'une université à Horn (voir l'illustration p. 79). La ville a ses ports célèbres : Überseehafen, Europahafen (image p. 78), Neustädter Hafen et le Container Terminal, qui sont complémentaires de l'avant-port Bremerhaven.

PAGE 80. *Bremerhaven* est un port important des paquebots et un des plus grands ports de pêche de l'Europe, où des enchères aux poissons ont lieu. Devant la gare de Chr. Colomb s'étend le quai Columbus-Kaje. Plus au Nord se trouvent l'écluse nord et le Container-Terminal. Non loin de l'ancien port on arrive au musée de navigation et à la tour de radar (116 mètres de hauteur).

PAGE 81. L'histoire de *Wilhelmshaven* commence en 1856 (construction du port de guerre). Dans le musée municipal on peut faire la connaissance de l'histoire de cette région et de l'histoire de la navigation. Aux environs de la ville le castel d'eau Gödens est digne d'être visité. Aujourd'hui Wilhelmshaven est surtout un port du pétrole au bord de la baie Jade, des navires-citernes (jusqu'à 250 000 t.) y peuvent décharger. Le débarcadère (image) qui a 1200 mètres de longueur s'étale parallèlement au trajet et au courant à une distance de 700 mètres de la terre ferme, lié par un pont à la côte.

PAGE 82. La petite ville *Jever* au milieu de la verdure était jadis un centre de la navigation des Frisons dès les temps des Romains. A retenir parmi ses monuments : l'hôtel de ville (1609–16) et l'église paroissiale englobant la chapelle du monument funèbre du chef frison Edo Wiemken, le Jeune († 1511), l'ancienne église ayant été brûlée en 1959. Sous l'impulsion de sa fille « demoiselle Marie » le château (fondé au 14e siècle) a été transformé (extensions considérables, constructions à quatre ailes, qui entoure un beffroi avec une toiture baroque de 1736), aujourd'hui musée régional.

1736 trägt, eine neue Funktion als Museum des Jeverlandes.

SEITE 83: Die einstige großherzogliche Residenzstadt *Oldenburg* ist heute eine lebhafte Großstadt, in der sich Historisches mit der Architektur unserer Tage trifft. Das beherrschende Bauwerk ist das Schloß, an dem Jahrhunderte gebaut und Spuren hinterlassen haben. Bis ins 19. Jh. wurde, immer von namhaften Baumeistern, verändert und erweitert. Auch der das Schloßtheater enthaltende Flügel mit dem abschließenden Zwiebeltürmchen (Bild) ist eine späte Zutat. Im Hintergrund die Lambertikirche, deren neugotische Silhouette ebenfalls dem späten 19. Jh. zu verdanken ist. Ältestes Bauwerk und Wahrzeichen der Stadt ist der „Lappan", ein 1468 errichteter Turm des ehemaligen Heiliggeistspitals, dessen Haube allerdings eine barocke Ergänzung ist.

SEITE 84/85: *Borkum* ist die größte und westlichste der Ostfriesischen Inseln. Das Luftbild zeigt die Westflanke mit der Kurstadt vom Watt her. Ein breiter Badestrand, weite Dünen, vielseitige Kur- und Sportanlagen machen die Insel zum Ferienparadies. In der Geschichte der Inselbevölkerung spielt, wie könnte es anders sein, die Seefahrt eine wichtige Rolle. Früh schon hatte Borkum eine beachtliche Walfangflotte, die den Bewohnern neben Abenteuer, Sorge und Not auch großen Reichtum brachte. Die Ungunst der Zeit brachte die Walfängerei jedoch schon im 19. Jh. zum Erliegen.

SEITE 86: Die Insel *Langeoog* nimmt etwa die Mitte in der Kette der Ostfriesischen Inseln ein. Wie die Nachbarinseln ist auch Langeoog eine echte Ferieninsel mit einem weiten, zur Nordsee gerichteten Strand, mit grünen Dünen, mit Kurhaus und vielen Sporteinrichtungen. Auf einem der höchsten Punkte des Inselortes steht der Wasserturm, der auch Gelegenheit zu einem weiten Blick in die Runde bietet.

SEITE 87: Das Fischerdorf *Neuharlingersiel* liegt der Insel Spiekeroog gegenüber auf dem Festland. Das malerisch-romantische Bild des Hafens hat sich trotz umfassender Modernisierung des Ortes, der Schleusenanlagen und der Fährschiff-Einrichtungen bis heute erhalten. Es begeistert alljährlich die vielen Tausend Spiekeroog-Urlauber, die von hier aus auf die Insel übersetzen; und gar nicht so

PAGE 83. *Oldenburg,* once the capital of the Grand Duchy by the same name, is a lively city today where old and new blend harmoniously. The dominant building is the palace which took centuries to build. Alterations and enlargements were executed right up to the 19th century. The wing containing the palace theater and its onion-domed tower (photo) was added later as well. In the background is the Lamberti Church, a neo-Gothic building of the late 19th century. (An old building and landmark of the town is the "Lappan", a tower erected in 1468 on the Hospital of the Holy Ghost).

PAGE 84/85. *Borkum* is the largest and westernmost of the East Frisian islands. The aerial photograph shows the west coast of the island with its resort town and the tidelands. A wide beach, dunes, and numerous health and sports facilities make the island a veritable vacation paradise. Sightseeing and excursions to the neighboring islands and Helgoland make for a varied program. The sea played a great role in the history of the islanders and Borkum possessed a large whaling fleet which brought its people much wealth. Unfavorable circumstances in the 19th century brought the whaling industry to a halt.

PAGE 86. Roughly in the center of the chain of East Frisian islands is *Langeoog.* Like its neighbors, the island is a popular vacation area. Its long beach faces the North Sea and numerous sports facilities make it the perfect resort. The highest point on the island is the water tower from which there is a fine panorama.

PAGE 87. The fishing village of *Neuharlingersiel* is situated on the mainland opposite the island of Spiekeroog. Its picturesque harbor has barely changed and survived the onslaught of modern technology. Annually many thousands of tourists head for the resort island of Spiekeroog. They are enchanted by its picture book charm. Some even prefer to stay there than join the crowds on the island.

PAGE 83. L'ancienne résidence Oldenbourg du grand-duché Oldenbourg est une grande ville moderne, échantillon, d'architecture ancienne et nouvelle. A retenir parmi ses nombreux monuments : le château, fondé en 1604, plusieurs remaniments et extensions, l'aile du théâtre bâtie en 1899 avec tours couronnées de bulbes, aujourd'hui musée régional (voir l'illustration). Au fond nous voyons l'ancienne église collégiale St. Lambert néo-gothique de la deuxième moitié du 19e siècle.

PAGES 84/85. *Borkum* est la plus grande et la plus importante des îles de la Frise orientale. La vue à vol d'oiseau nous montre la partie occidentale, la plage, les dunes et les établissements touristiques. Sur le blason de Borkum nous voyons deux baleines, en commémoration du temps des pêcheurs de baleines (à partir de 1648 jusqu'à peu près 1800). Les navires baleiniers de Borkum ramenaient des richesses. Le capitaine Roeloef Gerritz gagnait 60 000 florins. La défaite des Hollandais contre les Anglais amena aussi la fin de la pêche des baleines à Borkum.

PAGE 86. L'île *Langeoog* se trouve au milieu de la chaîne des îles de la Frise orientale, un paradis touristique avec sa plage de sable, ses dunes vertes, son Kurhaus et ses établissements de sport. Sur la colline la plus élevée se trouve le château d'eau, où l'on jouit d'une magnifique vue panoramique sur l'île.

PAGE 87. Le village des pêcheurs *Neuharlingersiel* sur la côte de la mer du Nord vis-à-vis de l'île Spiekeroog est un riche ensemble pittoresque (maisons anciennes, l'écluse, le bac, le petit port), qui compte parmi les buts d'excursion et de visite les plus fréquentés des touristes vivant á Spiekeroog.

selten verführt die Bilderbuchwelt des kleinen Hafens dazu, hier eine etwas längere Pause einzulegen.

SEITE 88: Windmühlen in *Greetsiel*, einem Fischerdorf an der Leybucht südlich von Norden. Man sieht es diesem stillverträumten Bild nicht an, daß Greetsiel ein Ort mit großer Vergangenheit ist. Hier war seit dem 14. Jh. das ostfriesische Fürstenhaus der Cirksena ansässig, Edzard der Große wurde 1462 hier geboren. Der Name des Ortes ist mit Seegefechten und kriegerischen Ereignissen zu Lande verbunden. Der Große Kurfürst schickte Truppen über See. Sie eroberten 1682 die Burg, die ein Jahrhundert später auf Veranlassung Friedrichs des Großen geschleift wurde.

SEITE 89: Die alte Hafenstadt *Emden* an der Emsmündung galt im 16. Jh. als bedeutendster Seehafen Nordeuropas. Heute nimmt der Hafen nach Hamburg und Bremen den dritten Rang unter den deutschen Seehäfen ein. Der 2. Weltkrieg hat die Stadt in Trümmern zurückgelassen. Der Wiederaufbau hatte der veränderten Wirtschaftsstruktur Rechnung zu tragen und moderne Baugedanken zu berücksichtigen. Doch wurde wo immer möglich Erhaltenes geschont und in die Bauten unserer Zeit einbezogen. Das gilt auch für das stolze Rathaus am Delft (Bild). Der alte Bau stammte aus dem 16. Jh., der Glanzzeit der Stadt, und wurde durch den Stadtbaumeister Steenwinkel aus Antwerpen errichtet. Das neue Stadthaus hat die Grundgedanken des alten Baues übernommen, sie aber in die Formensprache des 20. Jh. übersetzt.

SEITE 90: Die Stadt *Leer* in Ostfriesland, an der Einmündung der Leda in die Ems gelegen, bietet ein unverwechselbares Bild. Charakteristisch ist die Wasserschleife des Hafens mit den markanten Fassaden der Alten Waage, einem schönen Barockbau von 1714, und des Rathauses mit seinem Turm (Bild), hinter denen sich eine Stadt ausbreitet, die sich viel bauliche Tradition und Eigenart erhalten hat, ohne darüber den Anschluß an die neue Zeit zu versäumen.

SEITE 91: *Lingen* im Emsland hat zwei Gesichter. Wer das Bild der anmutigen Fassade des Rathauses am Marktplatz oder das Danckelmann-Palais kennt, wer von den Wäldern und Weiden in der Umgebung weiß, den mag es erstaunen, daß

PAGE 88. Windmills in *Greetsiel*, a fishing village on the sound of Ley, south of Norden. The dynasty of the princes of Cirksena lived here since the 14th century and Edzark the Great was born here in 1462. The name of the town is linked with naval battles and warfare on land. The castle was conquered in 1682 and destroyed a century later under orders of Frederick the Great.

PAGE 89. The old port city of *Emden* at the mouth of the Ems River was considered the most important sea port in northern Europe in the 16th century. Today it is Germany's third largest and most important harbor after Hamburg and Bremen. Following heavy destruction in World War II the city was rebuilt and older buildings reconstructed or rebuilt wherever possible. One such building is the City Hall am Delft (photo). The building dates from the 16th century, the city's most affluent period, and was built by the Dutch architect Steenwinkel from Antwerpen. The new city hall blends old traditional forms with 20th-century architecture.

PAGE 90. The townscape of *Leer* in East Friesland at the confluence of the Leda and Ems rivers, is unique. The "Alte Waage", a Baroque building (1714) near the harbor and the city hall with its tower (photo) are typical of Leer. Behind this harbor façade is a city which blends architectural traditions with the style of our times.

PAGE 91. *Lingen* in the Emsland region is a city of contrasts. On the one side are the city hall and the market square with its splendid façade, the Danckelmann Palace and the forests and meadows of the surroundings. On the other hand, rail, road and water connections have made it a large industrial area, especially in the postwar era. Behind the city, drilling rigs and smokestacks, coal bunkers and boilers, factories and administrative buildings dominate the scene. This photograph is of the refinery of the Wintershall AG.

PAGE 88. Les moulins à vent de notre image se trouvent à *Greetsiel,* un village de pêcheurs, joliment situé auprès de la baie de Ley au sud de la ville Norden. Le petit village pittoresque était le berceau de la famille des chefs frisons Cirksena (depuis le 14e siècle) ; Edzard le Grand y fut né en 1462, il y eût des batailles importantes. Les troupes du Grand Electeur de Brandebourg prenaient en 1682 la ville et le château fort, demoli un siècle plus tard sous l'impulsion de Frédéric le Grand.

PAGE 89. La ville *Emden* et son port auprès de l'embouchure de l'Ems étaient au 16 e. siècle le refuge de mille et mille néerlandais, armateurs et marchands, qui fondaient des chantiers et achevaient la construction du port, puis l'Ems changeait son lit et le port s'ensablait. Les Prussiens draguaient et restauraient le port. Après les destructions de la seconde guerre mondiale le port reconstruit est aujourd'hui le troisième quant à l'importance (après Hambourg et Brême). Dans le ville moderne quelques édifices anciennes remarquables sont restés ; à signaler particulièrement : l'ancien hôtel de ville (bâti en 1576, adaptation de l'hôtel de ville d'Antwerpen, l'architecte en était L. van Steenwinkel), trés endommagé au cours de la seconde guerre mondiale et restauré après la guerre, aujourd'hui musée municipal et musée régional (voir l'illustration), les vestiges de l'église St. Cosme et St. Damien (12e siècle) et la maison ancienne 12, rue Pelzer avec sa façade en style Renaissance. Le nouveau hôtel de ville est un édifice moderne.

PAGE 90. La ville *Leer* (dans la Frise orientale) est joliment située sur l'Ems. Les frontons des maisons remarquables bordent la boucle du port, à retenir : la maison de la balance ancienne (édifice baroque de 1814) et l'hôtel de ville avec sa tour (illustration), qui est le centre de la ville, dont l'architecture en briques rouges est influencée par des modèles néerlandais. Leer doit aux refugiés hollandais aussi le développement de l'industrie toilière au 16e siècle.

PAGE 91. *Lingen* dans la région de l'Ems est une ville moderne assidue chargée d'histoire et entourée de forêts et de pâturage. On y trouve de pittoresques monuments anciens, tel l'hôtel de ville avec sa gracieuse façade, tel le palais Danckel-

hier in den Jahrzehnten nach dem Krieg ein Industriezentrum von beachtlichen Ausmaßen gewachsen ist. Günstige Verkehrsbedingungen über Schiene, Straße und Wasser begünstigten diese Entwicklung. So konnte hinter der alten Stadt eine Kulisse von Bohrtürmen und Schornsteinen, von Bunkern und Kesseln, von Fabriken und Verwaltungsbauten entstehen, die ganz neue Akzente setzt. Auf dem Bild Raffinerie-Anlagen der Wintershall AG.

SEITE 92/93: Vom westfälischen Industriegebiet her ziehen Ems und Dortmund-Ems-Kanal ihre Bahnen, in unzähligen Windungen und Schleifen der natürliche Wasserlauf, schnurgerade der künstliche. Bei *Lingen* sind sie dicht bei dicht, bei Meppen, weiter nordwärts, vereinigen sie sich nach neuerlichem Auseinanderstreben. Viel Land dazwischen ist Weideland, von Bächen und Kanälen durchzogen. Der Kontrast dazu ist allerdings nicht weit. Die ländliche Szene wird eingeengt von Bohrtürmen, Raffinerien und Industriebauten.

SEITE 94: Nahe der Ortschaft Sögel am Hümmling, einem Höhenzug östlich der unteren Ems, liegt das Jagdschloß *Clemenswerth*. Es ist ein elegant-verspieltes Kleinod der Rokoko-Architektur, das Johann Conrad Schlaun 1736-50 mitten im Wald für den Wittelsbacher Clemens August, Kurfürst von Köln, errichtete, der ein Mann von erlesenem Geschmack und zugleich ein großer Jäger war. Der zweistöckige Bau steht auf einer kreisrunden Lichtung. Acht Alleen strahlen sternförmig durch den Wald. Jedes Fenster des Schlosses gibt den Blick auf eine von ihnen frei und erlaubt die fortlaufende Beobachtung des Jagdwildes. In den Zwickeln zwischen den Alleen wurden gleichartige Kavaliersbauten für die Gäste des Kurfürsten und für die Dienerschaft errichtet.

SEITE 95: Die kleine Stadt *Quakenbrück* im Kreis Osnabrück gewinnt ihr charaktervolles Gesicht durch viele Fachwerkhäuser des 16.-19. Jh. Darüber erhebt sich der mehrfach gestufte und laternengekrönte Turm der Stiftskirche St. Sylvester. Zum Kirchenbesitz gehören auch ein Triumphkreuz und bronzene Türzieher aus dem frühen 14. Jh.

SEITE 96: Die Geschichte von *Osnabrück* reicht bis in karolingische Zeit. Im Mittel-

PAGE 92/93. Originating in the Westphalian industrial region, the Dortmund-Ems canal cuts a straight path while the Ems river twists and turns along its natural river bed. The two waterways are close to each other in *Lingen* and join further north in Meppen. Much of the land between the river and the canal is meadowland crossed by streams and canals. In contrast to this rural scene are the drill towers, refineries and industrial complexes that dominate much of the landscape.

PAGE 94. Near the village of Sögel in the Hümmling mountain range lies a palatial hunting lodge, *Clemenswerth*. A gem of Rococo architecture, it was built by the master architect Johann Conrad Schlaun between 1736-50. Situated in the middle of a forest, it was built for Clemens August, Elector of Cologne. A member of the Wittelsbach family, he was a man of sophisticated taste and an enthusiastic hunter. The two-story building stands in a circular clearing and eight avenues radiate outward from it. Every window in the lodge faces one of these avenues. Between them are the servants' quarters and lodgings for the elector's guests. Hunting scenes, done in red brick, decorate the palace on the outside and the theme of hunting is continued in stucco and paintings inside.

PAGE 95. Many half-timbered houses from the 16th to the 19th centuries characterize the little town of *Quackenbrück* in Osnabrück county. Towering above them is the terraced steeple of the collegiate church of St. Sylvester. Among the church's valuable posessions is a triumphal cross and 14th-century bronze doorknobs.

PAGE 96. *Osnabrück's* history goes back to Carolingian times. In the Middle Ages it was a member of the Hanseatic League and also played an important role in the

mann. Après la seconde guerre mondiale Lingen est amenagé en centre industriel grâce aux voies de communication très denses, voies ferrées, voies navigables et voies de circulation. l'ancienne ville est aujourd'hui entourée de tours de sondage, des usines et des bâtiments d'administration, accentuant le dynamisme de la vie moderne.

PAGES 92/93. L'Ems et le canal Dortmund-Ems lient ensemble le régions industrielles de la Basse-Saxe et de la Westphalie. Aux environs de *Lingen* les deux voies navigables sont très près l'une de l'autre, qui confluent à Meppen plus au nord. L'espace intermédiaire est un pâturage gras traversé de ruisseaux et de canaux. Non loin de ce pays rural nous trouvons des tours de sondage, des raffineries et des bâtiments industriels.

PAGE 94. Tout près du village Sögel se trouve le château de chasse *Clemenswerth,* bâti sous l'impulsion du prince-évêque Clémence Auguste de Cologne (de la famille Wittelsbach) au milieu de la forêt auprès de la colline Hümmling à l'est de l'Ems (aujourd'hui musée de la vénerie). L'architecte en était Johann Conrad Schlaun (1736–50). L'édifice à deux étages (briques rouges) se trouve au milieu d'une clairière circulaire, huit allées partent de ce centre. Par chaque fenêtre on regarde sur une des allées, où l'on observe le gibier. Le château est entouré par des pavillons pour les hôtes et les domestiques.

PAGE 95. La petite ville *Quakenbrück* aux environs d'Osnabrück a conservé l'atmosphère homogène des maisons à pans de bois pittoresques (du 16e au 19e siècle), dominées par la tour graduée de l'église collégiale St. Sylvestre (trésor : la croix triomphale et le loquet de bronze, première moitié du 14e siècle).

PAGE 96. La ville *Osnabrück,* chargée d'histoire était au Moyen-Age ville hanséatique. Charlemagne y fondait l'évêché en 785. En 1648 la guerre de Trente Ans

alter Mitglied der Hanse, spielte die Stadt auch bei den Friedensverhandlungen am Ende des 30jährigen Krieges eine wichtige Rolle. Der 2. Weltkrieg hat schwere Wunden geschlagen. Doch vieles ist wiederaufgebaut und fügt sich der modernen Gegenwart organisch ein. Rathaus, Dom und manche Pfarrkirche zeugen nicht weniger von der reichen Vergangenheit der Stadt als die schönen alten Fachwerkhäuser, die zu ihrem Schmuck beitragen und sie liebenswert charakterisieren. Im Bild das Hotel Walhalla von 1690 in der Bierstraße, dessen kunstvoll geschmücktes Portal besonders entzückt.

SCHUTZUMSCHLAG: Die alte herzogliche Residenz *Celle* an der Aller hat sich ihr herrlich geschlossenes Bild erhalten können. Im Herzen der Altstadt reiht sich ein Fachwerkhaus ans andere. Zu den schönsten gehört das Hoppener-Haus von 1532 (rechts im Bild). Die Ständer und Balken sind mit einfallsreich geschnitzten bunten Masken und Fabelwesen besetzt, die sich über die ganze Fassade ziehen. Ganz anders das nahebei gelegene Rathaus, das wenig später entstanden ist und schon den Formenreichtum der Weserrenaissance erkennen läßt. Außerhalb des Kerns der alten Stadt und doch direkt mit ihr verbunden die mächtige Vierflügelanlage des Schlosses, auf das Jahrhunderte hindurch das Leben der Stadt ausgerichtet war.

peace negotiations at the end of the Thirty Years' War. It suffered heavy damages in World War II but was reconstructed and rebuilt. The city hall, cathedral and parish church, as well as the quaint half-timbered houses, testify to the city's rich history. This picture is of the Hotel Walhalla and its lovely gate (1690) in Bier Strasse.

DUST JACKET. *Celle* on the Aller River was long the residence of the dukes of Brunswick-Lüneburg. It is a beautiful old town of half-timbered houses which has remained virtually unchanged. Among the most beautiful of the houses is the Hoppener Haus (right) which dates from 1532. Its beams and rafters are covered with colorfully carved masks and allegorical figures. The city hall, though it was built at about the same time, is already very different in its architecture and reflects the beginnings of the Renaissance particular to the Weser area. The four-winged ducal palace was, for centuries, the focal point of the city's social and economic life.

y fut terminée par un traité. Très endommagé au cours de la dernière guerre mondiale Osnabrück a été fort bien reconstruit. A retenir parmi ses nombreux monuments : l'hôtel de ville (1487–1512), la cathédrale St. Pierre (11e siècle, plusieurs remaniments et extensions, avec son trésor important), les églises Notre-Dame, Ste. Cathérine, St. Jean et Ste. Gertrude ainsi que les anciennes maisons à pans de bois. Voilà l'hôtel Walhalla (1690) avec son portail fastueux richement orné enthousiasmant les spectateurs.

PHOTO DE COUVERTURE. L'ancienne résidence ducale *Celle* sur l'Aller est caractérisée surtout par l'état de conservation de son aspect moyenâgeux, nombreuses maisons anciennes à pans de bois bordent les rues et les venelles. Une des plus pittoresques c'est la maison Hoppener (1532), la façade est ornée de sculptures architecturales. L'hôtel de ville est un bel échantillon de la Renaissance de la Weser (en principal 1573–1579). La ville est dominée par le château (13e siècle, extensions considérables au 16e siècle) transformé en quadrilatère sous l'impulsion du duc George Guillaume (1665–1705), sommet de l'architecture allemande de la Renaissance.

Fotografen Friedrich Bormann/Kinkelin, Worms 56 Frithjof Fanöe, Wilhelmshaven 81 Hans Hartz, Hamburg 48 Holder/ZEFA, Düsseldorf 86 Lothar Kaster, Haan 2/Rhld. 58, 66, 91 Peter Klaes, Radevormwald, Schutzumschlag, 36/37, 38, 51, 52/53, 70, 83 Peter Klaes/Kinkelin, Worms 46, 47, 59, 88 Gerhard Klammet, Ohlstadt 57, 60/61, 92/93 Luftbild Klammet u. Aberl, Germering b. München 54, 72, 84/85 Foto Löbl-Schreyer, Bad Tölz 64, 69, 74, 96 Foto Löbl-Schreyer/Kinkelin, Worms 55 Fritz Mader, Barsbüttel 33, 34, 35, 39, 42, 73, 75, 78, 79, 80 Mehlig/Kinkelin, Worms 87 C. L. Schmitt, München 40, 41, 43, 44/45, 50, 62, 65, 71, 76, 77, 82, 90, 94, 95 Toni Schneiders/Kinkelin, Worms 49, 63, 67, 89 Hans Wagner/Kinkelin, Worms 68 *Luftbild-Freigabenummern:* Luftbild Klammet u. Aberl: freigeg. Reg. v. Obb. Nr. G 42/1260 (54), Nr. G 43/636 (72), Nr. G 42/1256 (84/85)